U0686437

高校学生教育与教学管理

黎　博　曾依依　徐运保　著

中国原子能出版社

图书在版编目（CIP）数据

高校学生教育与教学管理 / 黎博，曾依依，徐运保
著. --北京：中国原子能出版社，2023.11

ISBN 978-7-5221-3142-9

Ⅰ. ①高⋯ Ⅱ. ①黎⋯②曾⋯③徐⋯ Ⅲ. ①高等学
校–学生工作–教育管理–研究②高等学校–教学管理–
研究 Ⅳ. ①G645.5②G647.3

中国国家版本馆 CIP 数据核字（2023）第 236897 号

高校学生教育与教学管理

出版发行	中国原子能出版社（北京市海淀区阜成路 43 号　100048）
责任编辑	杨　青
责任校对	冯莲凤
责任印制	赵　明
印　　刷	北京天恒嘉业印刷有限公司
经　　销	全国新华书店
开　　本	787 mm×1092 mm　1/16
印　　张	15.5
字　　数	265 千字
版　　次	2023 年 11 月第 1 版　2023 年 11 月第 1 次印刷
书　　号	ISBN 978-7-5221-3142-9　　　**定　价** 76.00 元

发行电话：010-68452845　　　　　　版权所有　侵权必究

前　言

在新的发展阶段，中国高等教育的发展重点已从此前的"规模扩增"逐步调整为"质量提升"，如何深化教学改革、完善院校管理机制、提升人才培养质量，成为现阶段高等教育改革关注的首要问题。本书是一本关于高校学生教育与教学管理方面的著作，旨在将高校学生教育与教学管理相结合，探寻促进我国高校教育教学的创新对策。全书重点阐述了高校学生教育管理模式转变的基础问题，对高校教学管理路径转换的理论和实践的必要性进行了深入探讨，以发展的眼光透视高校教育实践管理的路径，为建构高校教育管理理论奠定基础，体现出高校教育教学管理工作可以发挥培养优秀人才的重要作用，促进高校教育的高质量发展。

目前，我国教育界对教育教学管理与素质培养问题的研究还处于不断探索中。对此，不能拘泥于固有的教学方法，而应该展开更为广泛而深入的探究。笔者希望本书能为探究教育教学管理与素质培养问题提供一定的理论基础，能对素质培养战略的发展发挥一定的实际作用，同时期望有更多的人关注、研究并参与我国素质培养中的教育教学管理建设。

目　　录

第一章　高校教育教学相关理论 ································· 1

　　第一节　高校教育教学本质及其特征 ····················· 1

　　第二节　高校教育教学观念及其发展变化 ················· 10

　　第三节　高校教育教学方法 ····························· 21

　　第四节　现代教育理念 ································· 28

第二章　我国高校教育教学管理的问题分析与创新发展 ········· 34

　　第一节　我国高校教育教学管理的问题分析 ············· 34

　　第二节　高校教育教学管理的变革发展 ················· 41

　　第三节　高校教育教学管理的创新模式 ················· 48

第三章　高校教育管理与学生素质培养的信息化建设研究 ······· 57

　　第一节　信息化及教育教学信息化的概念 ················· 57

　　第二节　素质培养原则在信息化教学管理中的实现 ········· 59

　　第三节　高校教育教学管理与素质培养的信息化建设体系设计 ······· 73

　　第四节　高校教育教学管理与素质培养的信息化建设实施方案 ······· 82

　　第五节　高校教育教学管理与素质培养的信息化建设的保障措施 ····· 89

第四章　新生代大学生的教育管理策略 ····················· 94

　　第一节　更新大学生教育管理理念 ····················· 94

第二节 创新大学生教育管理方法 …………………………… 104

第三节 拓展大学生教育管理途径 …………………………… 114

第五章 新媒体环境下高校教育教学改革研究 …………… 128

第一节 翻转课堂与高校教育教学改革 …………………… 128

第二节 新媒体与高校课堂讨论式教学 …………………… 133

第三节 新媒体环境下的高校教学资源变革 ……………… 140

第四节 新媒体环境下高校思想文化建设 ………………… 145

第五节 新媒体时代跨文化教学创新 ……………………… 149

第六章 新媒体环境下高校教学管理创新 ………………… 155

第一节 新媒体高校教学管理创新的必要性 ……………… 155

第二节 新媒体环境下高校教学管理创新发展 …………… 160

第三节 "互联网+"时代高校教学管理的创新 …………… 163

第四节 大数据背景下高校教学管理创新 ………………… 171

第五节 慕课背景下的高校教学管理创新 ………………… 174

第六节 基于教学学术的高校教学管理创新 ……………… 203

第七节 基于知识管理的高校教学管理创新 ……………… 210

第八节 新媒体高校教学管理创新存在的问题 …………… 216

参考文献 ………………………………………………………… 240

第一章
高校教育教学相关理论

高校教育教学是高校教育实现教育目的、培养专门人才、体现社会价值的各种具体活动的表现方式之一，是高校教育最主要的组织活动。高校教育的其他活动都是围绕教学而展开、为教学服务的。任何教学活动都是一个历时性的过程，是一个目标差异大、参与要素多、各种影响复杂的教育实践体系。此教育实践体系的各个构成要素经过多种形式组合、为实现各个目标而发挥作用，不同要素组合在不同环境下运行又使高校教育教学形式丰富多彩。

第一节　高校教育教学本质及其特征

一、高校教育教学的作用与功能

高校教育教学作用与功能就是教学活动的基本目标与任务，它主要源于三个方面：教师的需求目标、学生的需求目标、社会的需求目标。以前，受高校教育教学活动的社会本位思想影响，一些国家特别是实施集权式管理的国家，其高校是实施教育驯化的工具，而学生则是被教育驯化的对象。

但在高校教育逐步发展、受教育人群日益扩大的形势下，社会本位的教学功能不断弱化，"以人为本"的教育思想越来越占据重要地位。所以，教学活动的目标必须同时考虑教学活动主体，即教师和学生的个人需求。教师通过教学传播知识，促进自我的进一步探究，同时引导学生获得专业技能训练，从而获得满足与成就感。学生通过对社会愿望、个人兴趣及基本能力的综合考虑，主动接受高校教育、参与教学活动，以达到身心和智力的全面发展。社会对教学活动的需求可能是具体而分层次的，教师和学生对教学活动的需求可能是抽象而含糊的，对这些矛盾冲突的认识和化解有利于教学方法创新。

二、高校教育教学的主体与环境

高校教育教学的主体与环境是教学活动赖以开展的基本条件。教学主体就是有目的、有意识地进行教学实践活动和认识活动，并在教学活动中确立和体现主体地位的现实的人。这里的人包括三层含义：现实的人、动态发展的人、个体与群体相统一的人。因此，学生也是教学活动的主体之一。教学环境是相对于教学主体而言的，它包括教学活动中除主体之外的一切物质的、时空的、媒介的关系等方面。尽管环境在教学活动中处于从属地位，但对其实现教学目标有极其重要的影响。

三、高校教育教学的形式与内容

高校教育教学的形式与内容往往表现得最为具体、生动，既反映内容与形式的对应关系，也反映形式与环境的协调关系，还反映教学活动直接主体（教师与学生）与间接主体（教学管理者）协商一致管理的特征。单从教学活动形式来看，就是内容、环境、主体的统一，如课堂教学、课外练习、社会实践就是三者关系的不同组合结果。如果从教学活动主体的作为来看，则有讲授活动、听课活动、师生研讨活动等，每一种活动，各自主体地位的表现是不同的。高校教育教学内容是与教学目标紧密相连的，尽管目前我国高校教育教学的计划性正在减弱，但总体上依然比较强，也就是说从国家或社会本位出发对专门人才的知识、技能体系有一个制度设计和进程安排，教学内容按照这些制度和进程逐步展开。现在，我国开始注意发挥教师和学生的主动性，对教学内容的选择权有所放开，但与教师自主裁量教学内容和学生在完全学分制下自由选择教学内容还有相当距离，至少学生的职业规划与学校的学业指导工作短时间内难以跟上。

四、高校教育教学的特点与过程

高校教育教学的特点与过程是联系在一起的，教育与教学是一个循序渐进的过程，世界上没有任何一种瞬时性的教学活动，过程性本身就是教学活动的普遍特点。因此，很多学者用"教学过程"代替"教学活动"，专注于研究高校教学过程而不刻意研究高校教育教学活动也是可以理解的，只是过程性特点不为高校教育教学所特有。所以，将两者混淆是不合理的，无论是对高校教育教学活动的瞬时考察还是从教学效果的分析，高校教育教学活动的特点都是十分明显的，具体有如下一些特点。

其一，专业性教学与综合性认知相结合。高校教育与基础教育的最大不同就在于知识的专业系统性，属于建立在基础教育之上的专业教育，教学目标和内容按照不同学科专业领域的知识体系进行设计，教学组织形式也分专业进行。同时，高校教育教学活动的综合性认知也十分明显，在专业性教学内容与教学情景中，学生的知识、能力、素质得到全面培养，即使是一门十分专业的课程，在课程设置、活动设计中，也安排有一定分量的基本素质和能力训练的内容和项目，教学活动对学生的影响是综合性的，对学生的培养是多方位的。

其二，隐性教学与显性教学相结合。高校教育教学活动对人才培养的影响作用趋于多样化，传统课堂的直接影响、作业与练习的直观影响等属于显性活动部分，还有许多潜移默化的教学活动，如学术报告会、参观学习、社会调查、教师对学生得体的表扬或批评等，这些看似不像规范的教学活动属于隐性教学活动，它的教育意义和对学生的影响绝不只是现场表现出来的结果，而要比现场深远得多、广泛得多。教育中的所谓"启发""养成"，其实就是对这种隐性教学活动功能的表述。

其三，教学活动与科研活动相结合。科学研究活动是人类有意识地探究世界的实践活动，我们说高校教育教学活动是一种接近于人类认识世界实践活动的有效组织方式，本意就在于表明高校教育教学活动不是纯粹的知识传授活动，也不纯粹是师生交往与情景感悟活动，而是有目的地引导学生学会认知和探究世界的方法、训练基本的认知能力的活动。如果说本科生教学对这方面的要求只是初步的，那么研究生的教学则是典型的认识已知与探求未知的统一，就是教学活动与科研活动的统一，教师和学生在各自的教学活动任务中都可以实现认识已知与探索未知的结合。

五、高校教育教学的构成要素

高校教育教学是一个以动词为主的、内涵比较宽泛的偏正词组，它可以指由学校为实现人才培养目标所组织的任何行动。由于各校、各学科专业的人才培养目标、质量规格、层次要求不同，高校教育教学活动也表现出较大的差异性。但就每一个具体教学活动单元的结构来说，它们又有许多相似性，即都是由若干基本相同的要素所构成的开放性系统，不同教学情景就由这个系统的要素的不同组合产生。

关于高校教育教学活动构成要素的研究，历来有不同的争论。有的从共时性角度分析，有的从历时性角度分析；有的从关系角度分析，有的从表象角度分析；有的从深层结构分析，有的从表层结构分析。不同的分析角度决定了不同的分析结果，以至于出现从"三要素说"（教师、学生和教材）到"七要素说"（学生、教学目的、教学内容、教学方法、教学环境、教学反馈和教师）的巨大差异。客观地看，这种差异是正常的，特别是更加精细的结构要素划分，只要在逻辑上没有包含或遗漏，精细的分析应该得到提倡。联系高校教育教学活动的几个特点，我们认为一个比较完整的具体教学活动应该由教学主体、教学目的、教学信息、教学媒介、教学组织和教学环境六个要素构成。

①　关于教学主体。以前往往以机械认识论为理论基础，从施教与被教角度考虑，认为教育参与者包括作为教育者的教师和作为受教育者的学生两个方面，即教学主体是教师、教学对象是学生。这实际上忽视了高校教育教学的特殊性，因为隐性的教学效果、探究性的教学活动都依赖于学生主体性作用的发挥，所以教师与学生是高校教育教学活动的共同主体。②　关于教学目的。这是任何教学活动的基本要素，只是不同目的有层次上的高低差别。即使是高校教育的教学活动，其目的也有层次之分，如一个专业培养方案中的教学目的，一门课程的教学目的，一节课堂的教学目的等。就教学方法研究需要而言，这里的教育目的主要指一个课堂之类的教学活动的目的，其中有比较抽象的一般要求，也有比较具体的内容、技能目标。③　关于教学信息。以前通常用教材及教学内容来表示。但实际上，教学内容有一部分应该包含在教学目的之中，作为目标性任务加以明确。同时，教材是教学内容的传统载体，鉴于现在高校教育可供使用的教学材料日益丰富，来源途径远多于教材，故教材在高校教育教学活动中的作用越来越微不足道。④　关于教学媒介。教学媒介就是教学方法及实施方法的手段。由于现代教学技术的飞速发展，传统的方法归纳已经不能准确反映教学活动实际，很多现代教学设施、技术被应用到高校教育教学活动中，其究竟属于什么方法，尚未明确界定。因此，我们称其为教学媒介，既包含了传统意义上的教学方法，又包含了现代教学技术，它是传递教学知识、信息，增强教学信息刺激强度，提高教学影响效果的途径。⑤　关于教学组织。没有组织就没有活动，就一个教学活动来讲，教学组织不可缺少。在

什么样的时间和空间，由哪些教师和学生参与，参与人员的规模，以及教师或者学生在教学时间内的教学秩序维护，都是教学组织的内容。还有教学评价，但它属于教学过程与质量管理范畴，不属于一个教学活动的内容。⑥ 关于教学环境。高校教育教学环境对教学活动的影响越来越大，根据教学活动的需要，不断对教学环境进行必要的调节和控制，有利于教学活动顺利进行。经过选择、净化、提炼和加工处理的教学环境有利于教学主体实现追求真理、掌握知识、发展身心等目标。

六、高校教育教学模式

（一）"集中式学习"的教学模式

相对来说，集中式学习是一种较为传统的教学模式。集中式学习是以教师为中心，即由教师根据教学计划中统一规定的课程内容和教学时数，把学生集中到一起按照学校的课程表进行分科教学的一种组织形式。该教学模式强调教师的主导作用。当教学规模不是很大时，集中式学习这种组织形式相对来说是比较经济、有效的。

在这种组织形式下，教师的主导作用易于发挥，便于教师组织、监控整个教学活动的进程，这是其一；其二是有利于教学管理，使教学有目的、有计划、有组织地进行；其三是有利于自然学科的学习，自然学科中许多内容需要进行演示、分解和剖析，有些内容需要学生亲自去感触；其四是有利于学生之间及师生之间的情感交流，充分体现情感因素在学习过程中的重要作用。尽管集中式学习有上述优点，但它在高校教育教学活动中存在的弊端也是十分明显的。首先，这种教学模式无法解决学生参加学习时存在的工作与学习的矛盾、家庭与学习的矛盾，以及分散居住与集中学习的矛盾；其次，它忽视了成人学生不同于其他学生在学习活动中的自主性和独特性；最后，集中式学习方式过分强调标准化、同步化、模式化，整齐划一是这种学习方式的目标追求，对成人学生知识的扩展会产生不利的影响。针对学生在学习过程中凸显的矛盾和问题，要真正保证教学效果、提高教学质量，就必须对现有的单一教学模式进行改革。

（二）"分布式学习"的教学模式

随着经济形势和信息技术的不断发展，社会总体人力资源的需求形势也发生了巨大变化，对各类高素质、高学历的专业技术人员的需求提高到了一个新的层次，对高校教育提出了更高的要求，并使得传统的教学模式受到了极大的挑战。

新的信息技术在教学活动中的应用，计算机网络的发展能够使教学内容得到有效的远距离传递，学生可以不必像以往那样，全体集中到一个地点，由教师面对面地传授知识。电子邮件可以支持学生之间、师生之间的交流与合作，解决学习中的问题，开展各种讨论，教学模式不再单一。因此，"分布式学习"的教学模式便应运而生，并迅速以自上而下的政策推广形式，借助国家高校教育政策手段投入各地办学实践。"分布式学习"是远程教育的建构主义，采用建构主义的学习环境的设计思想，将传统的以教师为中心改变为以学习者为主体，着重于为学习者提供丰富的资源，使他们建立自己的认识和理解。我们将这种新的远程教育形式称为分布式的学习。

目前对"分布式学习"的教学模式的理解有几种观点。美国及很多国家的学者认为"分布式学习"和远程教育是一样的，指的是各种不同于面对面教学的教育；还有的认为，"分布式学习"是指开放和远程教育在传输课程时逐渐向使用新信息技术的转变；另有观点认为，"分布式学习"可作为人机交互工作的一个整体。尽管对"分布式学习"有各种不同的描述，但"分布式学习"实际是一种教学模式，它强调的是"分布"，强调为学习者提供灵活的、突破时空限制的教育，适应社会经济发展及对人才的需求。

"分布式学习"教学模式的出现，使面对面教育和开放远程教育之间的边界逐渐消失而趋于融合；加强了以学习者为中心的教学，更有效地促进学习者的学习；使我们认识到要根据时空分布方式的变化调整学习和教学策略。"分布式学习"强调的是学习环境，学习者分处在不同环境中，有着共同的任务，在"分布式学习"环境中共同合作完成学习任务，学习是不同环境的分布，不一定受限于正式的机构设置。

随着教育的全球化，"分布式学习"环境也要具有国际化思维，以适应来自不同文化背景的学习者。可以说"分布式学习"是未来学习方式发展的一个新趋势。也有人认为"分布式学习"模式可以结合传统课堂教学应用，结合远程教学应用或用于创建有效的教学课堂。学生可能是身处远方，参加远程教育，也可能是集中式学习中的一员，但他们在索取资源、汲取知识时，所利用的资源不只局限于教师或者某个机构，而是充分利用现代信息技术，利用分布在各个不同地方的资源，使学习资源远比以往单纯的传统课堂授课方式要丰富得多，所以，"分布式学习"强调的是资源的非集中化。另外，"分布式学习"的教学模式除了可以使学习者获得丰富的资源外，还是传统课堂授课方式的补充和灵活运用，例如，可通过电子邮件交作业、答疑，通过网络与教师、学生甚至专家进行交流和讨论，等等。这一教学模式在成人教育教学活动中的优势十分明显，首先它解决了成人学生在学习中存在的工作与学习、家庭与学习、分散居住与集中学习的诸多矛盾，同时丰富了学习资源，使学生获取知识的渠道更加宽广，教与学的方式变得更加灵活，学生学习的自主性也得到了加强，对于学生的发现性学习和研究性学习能力的培养也起到了很好的促进作用。

（三）"双元制"教学模式

"双元制"教学模式也可称为"双轨制"教学模式，是德国在100多年来传统的学徒培训制度基础上发展而形成的。"双元制"中的"一元"指职业学校，另"一元"则指企业。学校承担学习文化和基础技术理论，企业承担职业技能培训，两元结合完成教育任务，故称之为"双元制"。"双元制"是学校与企业分工协作，以企业为主，理论与实践紧密结合，以实践为主的一种成功的教育模式。学生在企业里接受职业技能培训的同时，又在学校里接受专业理论和普通文化知识的教育，这样既能够使学生具备毕业后立即上岗的能力，又通过学校教育使学生基本素质得到提高，从而具备继续学习和终身学习的基础。

"双元制"教学模式具有八个特征：① 职业培训在两个完全不同的地点进行——企业和学校；② 受训者兼有双重身份——学生、学徒；③ 培训者由两部分人承担——实训技师（师傅）、理论教师；④ 教学内容原则上分两部分——企业培训按政府的培训条例和大纲进行，学校教育按国家和省级教育主管部门公布的教学大纲进行；⑤ 教学管理——企业培训由政府管理，受政府法规、条例等约束，学校教学由教育主管部门管理，受教育类法规约束；⑥ 经费来源的两个渠道——企业培训的费用由企业承担，学校教学的费用由政府和学生承担；⑦ 以职业能力为本位的培训模式；⑧ 以市场和社会需求为导向的运行机制。

"双元制"在20世纪90年代引入我国，被应用到高校教育教学实践中，成为一种特点鲜明且富有成效的人才培养模式。经过多年的发展，已经取得了一些成就。已经有许多实践性较强的专业采取了这种教学模式，如汽车维修、炼钢和轧钢、保险、物业管理、机械制造、医疗等。"双元制"教学模式的应用为我国成人教育发展提供了宝贵的案例资源，从中可以看到"双元制"教学模式有以下一些优势。

第一，改革专业课的课堂教学模式，促进学生技能的提高。"双元制"教学以职业能力为本位，各院校在实践中都突出了实践性的原则，使学生在学习的同时获得职业工作的经验，与传统的课堂型职业教育形式相比存在明显的优势。

第二，加强了学校与社会和企业的联系。"双元制"教学模式打破了传统的封闭办学方式，由学校和企业共同承担培养学生的责任。因此，在办学中学校增强了与外界的沟通，更多地了解到社会和企业对人才的需求情况，克服了以往办学的盲目性。

第三，加快了师资队伍的建设，教师的理论水平和实际水平都有所提高。在"双元制"办学过程中，提高了专业教师的实践能力，改变了以往的教师基本上是学科型的，实践能力不高，动手能力不强的状况。

第四，各院校借鉴德国"双元制"教学模式，改革了课程结构，丰富了教学内容，使教学方法灵活多样，促进了教学模式的改革。

第二节　高校教育教学观念及其发展变化

一、高校教育教学思想观念及其核心内容

（一）高校教育教学活动主体

教师主体论源于以赫尔巴特为代表的"教师中心说"，是长期统治教育研究与指导教学活动的主导流派。该派观点认为，在教学活动中教师是唯一的主体，学生是用来供教师加工、改造的，与教学内容一起构成教师教学活动的对象，属于教学客体。学生主体论源于以杜威为代表的"学生中心说"，其基本观点与教师主体论相反，他们认为教学活动的唯一主体是学生而不是教师，教师和教学内容都是被用来塑造和加工学生的，是其成材的工具性对象，是教学客体。而教师学生双主体论则改造了前述单一主体论的思路，提出教师和学生都是教学活动的主体，在一个完整的教学活动内，就对教学效果的最终影响来说，分不清教师的能动作用大还是学生的能动作用大，只能是两个主体并存、共同协调的结果。这时，教学内容、

教学设施、教学环境等就基本上属于辅助性的东西，属于教学客体。

其实，对教学主客体的辨析有一个基本的逻辑起点，这就是从哲学引用过来的主体概念是基于什么哲学观点的，是本体论的观点还是认识论的观点。显然，从本体论出发，只能有一个主体，而从认识论出发，选择认识活动的角度不同，就会得出不同的主体结果。教学本身就是一个复杂的系统，从教学作为社会活动实践关系出发，毫无疑问教师是主体，学生是客体；从教学活动的价值关系出发，很明显，学生必然是主体，教师是客体；从认识活动的全面关系出发，则教师与学生都属于主体，客体只是那些主体之外的教学活动要素。提高对教学活动主体的认识，有利于调动教学活动要素的积极性。那些单方面强调教师主体地位的观点，对教师工作积极性、主动性与责任心有极大的激发作用，但很多情况下，教师的一厢情愿往往达不到教学效果，久而久之，教师的这种积极性也会下降。那些单方面强调学生主体地位的观点，有利于激发学生的自我教育、自我学习、自我塑造，也有利于教师在教学中贯彻促进学生全面发展的理念，但如果缺乏教师的正确引导，学生往往也不能得其门而入，最后效果并不如意。教师和学生的双主体地位，可以比较全面地调动教师和学生在教学活动中的积极性，根据实际需要各自发挥应有的作用，共同完成教学任务，实现教育目标。按照高校教育的教学活动特点来看，这种双主体观念更符合教学实际。教师和学生在教学活动中主体地位的认可，不是什么权益之争，而主要在于责任的归属。教师和学生对于那些作为客体的已知知识、未知知识的认识与探求是共同的，因此在这种"既认识已知又探索未知"的高校教育教学活动中，教师和学生属于共同的主体，这一观点是毋庸置疑的。

（二）高校教育教学活动主体关系

一般来说，任何活动都存在主体与客体的关系，如果按照两种单一教学主体的观点，无论谁为主体谁为客体，都是主客体关系。但是，高校教育教学活动主体是双重的，不同主体之间必然构成一定的关系，因此，很有必要探讨教学活动的主体关系。至于高校教育教学活动的客体，在双重教学活动主体前提下，它与主体之间的关系比较简单，一方面服从于主体的需要；另一方面充当连接两个主体的纽带。

1. 高校教师

高校教师是教学活动任务的具体组织者、承担者。教师群体是高校履行人才培养职能的直接人员，他们还在自己的专业领域肩负着科学研究和社会服务的使命。高校教师作为一个群体概念，包含所有在高校从事与教学活动相关工作的专业人员，既有教学第一线的任课教师，也有以科学研究为主要任务的研究人员，还有实验、实践教学，以及教学活动组织管理第一线的教学辅助人员。高校教师作为一种社会职业者，具有较高的社会地位和重要的教学主导地位。人们常常把高校的人才培养和学术水平看成一个国家文明进步的标志，对履行这两项职责的高校教师寄予厚望。另外，在高校教育教学活动中，教师对教育内容的选择、对教学活动的调节、对教学进程的把握、对教学手段的改造等起着主导作用。因此，教师是教学活动的主体。

总之，高校教育教师肩负着比较多的教学职责。第一，要肩负传授知识，引导学生掌握学科专业基础知识、基本理论和基本技巧，培养和发展学生智力和专业能力的职责。第二，要在教学活动之中通过隐性手段启发和培植学生良好的道德、情操、意志与美感，关注学生的全面成长。第三，要精心组织和设计教学活动，不仅注意课堂教学活动的组织，还有由课堂延伸到课外的答疑辅导、作业评判及相应的实验和实习、实践。第四，为了更好地服务和改进教学，必须不断地开展专业领域的科学研究和教学研究，以引领学生及时了解科学前沿，改善教学方法，丰富教学内容。在这些基本职责中，最基本的两项是教学和科研。能否成为比较合格甚至优秀的教师，关键就在于这两项职责的履行情况。这两项职责任务完成得好，不仅可以相互促进，还可以带动其他职责更好地完成。实际上，中外高校都有不少教师并不能比较好地兼顾两者，相当多的教师把自己的教学目标定为传授课程知识、介绍本领域的概念和方法，很少关心学生的一般智力发展和个性发展。他们作为教学内容方面的专家，与本领域的其他人共同具有专门化的知识、概念、话语、方法，但作为教师，尤其是本科阶段的教师，他们则难以形成与学生共同认可并乐意接受的训练方法，丰富教学活动的知识和理论。

高校教师肩负的职责决定了他们的劳动特点。这就是教学手段的自主性与教学活动的示范性，教育对象的能动性与教学情景的复杂性，教学过程的长期性与教育影响的滞后性，教学方式的个体性与教育成果的集成性。面对这些特点，有的教师可能会表现出无可奈何，有的则从积极方面进行力所能及的改进，由此形成个人教学风格。比如，以教学内容为中心的，以尊重学科为特点，重在教给学生系统的知识、原理；以教师自我为中心的，则相信自我的榜样作用，让学生进入角色模拟的情境；以智力为中心的，则以训练学生的智能为目的，一切的知识、环境都只是用来训练的道具，知识、技能本身不是追求的结果。这些都是有特点的教师，还不是"全能的教师"，比较良好而全面的教学活动，应该是教师的知识、师生现实的探究、教师引人入胜的个性和人格，以及激发学生学习动机的能力的高度复合。可见，当好一名高校教师实属不易。

2. 高校学生

高校教育教学活动的主要参与者除了教师就是学生，不仅高校的教学如此，任何学校教学活动都离不开教师和学生，二者缺一不可。学生的积极参与不仅丰富了教学活动的内容与形式，也在很大程度上决定着教学活动的最终效果。

高校学生的构成是十分复杂的，而且随着教育大众化的推行、终身教育观念的深化和学习化社会的建立，到高校接受教育的人群越来越多，学生构成也越来越复杂。一般来说，高校教育的学生不分种族、地域、性别，在年龄上处于青年中期，个体的生理发展接近完成，心理变化趋于稳定，自我意识日益增强，已经接受了基本的基础教育。但这只是高校学生的基本界定，实际上，世界各国高校的学生要比这复杂得多。就我国来说，目前本专科学生在主体上大致符合以上的界定，随着高等教育政策的调整和大众化教育的发展，以及更多少年的提前入学，高校学生在年龄、心理、生理等方面均已突破原有规定和认识。如果将硕士、博士研究生考虑在内，则这种基本界定就显得更加局限和狭隘。

为什么参加高校教育的学习是了解学生的学习目的和动机的重要依据？高校学生的学习目的、动机是高校教育教学活动的重要影响因素，也是学生作为教学活动主体的重要标志。只有那些目的明确、动机纯正的学生才能在高校教学活动中发挥积极的主体作用。无论高校教育关于人才培养目标的理想设计如何，学生的实际学习目的与动机不一定与之完全合拍，但学生的要求只要是合理可行的，就应该得到满足。研究表明，多数大学生认为，他们学习是为了取得职业的或专业的训练，获得发展自己、满足个人兴趣的机会，最终能够获得较高的收入。

学生学习的态度与方式倾向是什么，这个问题的回答涉及学生的多个方面。首先是目标决定态度，基础决定方法，情感决定倾向。目标明确的学生基本态度是积极的。知识基础、能力基础强的学生，其学习方法、参与程度必然得当；依赖性、独立性、表现型、沉默型等不同情感类型的学生，其对教学活动的态度与影响也不完全相同。

（三）高校教育教学活动主体关系模式

教学活动也被理解为教学主体之间的人际交往活动。高校教育教学活动拥有多个主体，每一个教学环节都包含了各教学主体交往的关系，每一对主体关系动力的平衡与消长，都影响着教学活动。高校教育教学活动具有明显的个体性与综合性特点。这就是说，教师的教学既是个人的劳动表现，也是群体的劳动表现，一个教师不可能教好一个班级，培养出一批人才，甚至不可能完整地教好一门课程，因此必须要有教学助理、实验人员、班主任等相关辅助人员的共同参与才行。学生的学习也是如此，纯粹个人的学习有时不能很好地完成，我们强调开展主体性教学，所依靠的不只是单个学生的主体性，还包括建立在每一个学生主体性发挥基础上的协作教学、合作探究。所以，高校教育的教学主体实际上有三对主要关系：占主导地位的师生关系，居于次要地位的师师关系和生生关系。

师生关系是任何学校教学活动都普遍存在并引起高度重视的一种行动主体对应模式。它是以教学任务为中介，以"教"与"学"为手段构成的特殊社会人际关系，是高校教育最基本的、在教学活动中占主导地位的人际关系。对这种关系的认识也在不断发展变化，就其结构来说，传统的理解就是教师对学生"一对一""一对多"的主从关系，在高校教育教学活动中的表现就是：在课堂教学上，教师读讲义、做演算，学生记笔记、做练习；在课程设置上，必修课多于选修课；在教学管理上，实行学年制，对所有学生按一个标准来要求，个体差异没有受到重视，等等。历史经验和教训告诉我们，认识和建立新型师生关系对高校教育的教学来说十分重要。在这种新型师生关系中，教师与学生是"一对一""一对多""多对一""多对多"的复杂网络系统，这个网络系统功能的全面发挥，就是高校教育教学活动的全部任务与追求目标。

师师关系就是高校教育教学活动中所涉及的教师群体内部之间的多边关系。可以发现，人们对高校教育教学活动中的师师关系的关注度不够，但凡谈到教学关系，必论师生关系。其实，高校教育教学活动中，师师关系的作用非常大，这是与小学、中学学校、其他培训学校完全不同的。由于这种关系的构成具有长期性、利益性、人格性等特点，所以尽管关系网络不会很庞大，但文人相轻、学术流派、师承传统、利益之争等情况常常发生，甚至影响教师的教学。这是从对立性看的，再从合作性来看，哪怕是一门课程甚至一节课堂，主讲教师与助教之间、理论教师与实验教师之间、教师与教学调度人员之间的配合关系，都会直接影响教学活动的开展及其效果。所以说，一个和睦的教师群体对于高校教学活动的有效开展十分必要。

生生关系是由高校教育同辈学生之间组成的多边联系。这种关系也被称为同学集体，它可以是由同年级同专业的学生构成正式的稳定关系，也可以由相同学科专业不同年级的学生以学术爱好为基点构成稳定的师兄弟姐妹关系，还可以由教师主导创立诸如电子协会等主题组织关系。生生关系的形成具有随机性，但一旦形成，就表现出比较稳定的态势，这种态势不仅在学生大学学习期间有相互促进、影响的作用，还会在高校教育结束后延伸到社会活动中。生生关系对教学活动，尤其是对学习活动的影响是全方位而且深刻的，被认为是仅次于学生个人行为的力量。当然，这种关系结构的规模大小、质的差异性等内在特征会在比较大的程度上决定其对教学影响的作用。

二、高校教育教学思想观念的演变

高校教育教学思想观念具体通过人才观、质量观、效率观等来表现。新时期以来，我国高校教学思想观念更新始于恢复正常秩序的最初几年，其主要表现为向过去学习、实现新中国成立后逐步建立和形成的教学思想。

（一）培养人才观念的形成

高校教育的根本任务是培养人才，而人才培养的主要途径是教学活动。改革开放以来，通过"红专论争"确立了知识本位的高校教育思想观念，但高校教育似乎又一下从"广阔天地"回到了"象牙塔"。同时，教学和科研又在高校展开了激烈的地位之争，这使高校教育与成为教学和科研"两个中心"的发展轨迹渐行渐远。实际上，很多学校和教师更加重视深度高的科研工作，对教学工作重视不够，教师的教学职能发挥不够。

随着国家对人才培养质量的关注与重视，人们开始重新认识和反思高校教育教学和科研的关系，进而确立了教学在学校工作中的中心地位。无论什么高校，首要任务是人才培养，科学研究也要肩负起人才培养职能。高校教育教师必须把教学放在第一位，切实履行教师的基本职业职责。随着世界高校教育发展和科技、社会进步对人才培养规格新要求的不断提出，能力本位观点越来越受到重视，社会需要提供知识全面、技能过关的高素质人才。因此，对教学活动提出了新的要求：一方面是出于理论教学与实践教学的关系问题的考虑，既不能忽视理论教学又要加强实践实验教学；另一方面是出于协调学校教育与社会教育的关系，既不能在学校教育与社会教育之间走极端，也不能过多增加学生的时间、经费、心理等学习负担。于是，新的教学中心地位理论逐步得到丰富和发展，在校内强调理论教学与实验，在科研活动中培养学生能力，在校外加强实习实训基地建设，建立产学研究机制。

（二）逐渐形成以专业教育为主的教育思想

一般认为，国际上本科教育大致有两种教学模式：一种是以苏联和德国为代表的专才教育模式，学生在校学习时间较长，既打基础，又进行实践训练；另一种是以美国为代表的通才教学模式，学生在校学习时间较短，主要是打基础，实践训练放到大学毕业以后。我国最先主要学习苏联模式，形成了专才教学模式。

创新开放后，我们发现苏联专才教育模式的许多弊病，开始注意学习欧美通才教育模式；同时，这两种模式自身又不断变化和交融。

一般认为，现代专业教育思想源于美国国家功利主义视域下的科学主义高校教育哲学。兴起于20世纪初的以实用为标准的功利主义教育观影响了美国几十年，受苏联1957年"卫星上天"的刺激，美国更加重视高校教育教学的科学功利性。1978 年我国召开的全国科学大会提出"向科学技术现代化进军",迎接科学春天的到来,这使刚刚恢复的高等教育深深打上科学主义的专业教育烙印,此后一直成为国家教育方针政策,以及学校教育教学工作的重要指导思想的构成元素。但培养学生一技之长的专业教育思想很快受到素质教育思想的挑战,因为国内外的人才成长及使用实践表明,仅有一技之长的人并不能担当高级专门人才的重任。随着世界科技的迅速发展,学科专业高度分化后再高度综合成为发展趋势,人才培养与社会工作越来越复杂化,特别是"曼哈顿计划"反映出社会工作对人员合作、协调、组织能力等综合素质的要求越来越高,不仅要具有扎实的基础、宽广的知识面、较强的能力,而且要具有良好的思想政治素质和道德水平,以及健全的身体心理素质。

以自由教育、人文教育、普通教育等形式出现的综合素质教育思想得以萌生,传统意义上的专门人才培养模式、观念逐渐被"拓宽专业口径,增强适应性"的呼声和"通识教育"的理念所取代,仅重视科学技术的"精、深、专"被"德才兼备""文理兼备"的人才目标所取代。随后,华中科技大学率先提出以人文素质教育为突破口,国家出台专门文件推进高校教育全面素质教育,并建立了一大批国家人文素质教育基地。人文素质教育并非只对理工科学生进行人文科学知识传授,而是对所有学生加强人文品格、人文精神的全面教育,是通识教育的具体体现。

(三)提高终身学习和终身教育观念

按照传统的职业教育观念,高校教育在教育序列中毫无疑问就是人一生的终结性教育活动。但由于世界科技发展的日新月异及世界性社会工作的不断变化,由联合国教科文组织的系列报告引发,以素质教育思想为理论支撑的终身教育、终身学习观念逐渐渗透到高校教育领域,高校教育究竟是终结性教育还是基础性教育一时成为学术界的争论热点。特别是高校教育达到大众化甚至普及化程度之后，高校教育的基础性就更加突出，高校教育只能为学生未来成为科技人才，从事科技职业打下知识、能力和继续学习的基础，而不能为未来准备好所需的一切，因而，高校教育人才培养必须更加重视比较宽广的学科领域、比较扎实的基础知识、比较强的学习和研究能力，也必须为在职人员提供大学后继续学习的条件。

（四）以学生为本的个性化教学观念逐渐生成

一场世界性的学习革命，使高校教育教学模式也必须适应受教育群体的历史性变化，这是高校教育教学创新的直接指导原则和方向。具体而言有如下表现：由单纯的掌握知识转变为更加注重智力发展和能力培养；由单纯的、狭窄的专业知识和能力培养转变为同时注重拓宽知识面，培养具有包括外语能力、经管能力、交往能力等多种能力的复合型人才；由单纯注重统一的培养规格转变为同时注重发挥学生的多样化特长和学习潜力；由偏重于理论知识转变为同时注重实际知识，进一步强调理论与实践相结合。

因材施教，促进人的全面发展是一条基本教育原则。为了克服计划时代"标准件"式的高校教育人才规格和培养过程中的固有缺陷，突出学生在人才培养中的主体地位，在教学管理、教学环节、教学方式等方面也要将统一的、封闭的、固定的人才模式变革为多样化、个性化的教学过程和教学形式。既努力拓宽专业口径，又坚持按专业培养人才；既制定人才培养目标和基本规格，又给予学生充分自由的发展；既坚持教学工作的计划性，又给予学校、专业、教师和学生较大的灵活性。在教学管理上，推行学分制，实行选课、选专业等灵活的制度和政策。

三、高校教育教学思想观念变革的趋势

进入 21 世纪以来，随着我国高校教育大众化进程的不断推进，高校教

育条件保障机制等方面遇到了难以预料的困难，由此引发的人才培养质量争议成为高校教育的热门话题。政府和高校教育回应这种社会争议的积极举动就是实施"高等学校教学质量与教学创新工程"，既试图改善高校教育的条件保障状况，又注重将物化的环境与条件转化为人才培养所必需的制度建设，不断推进教学思想观念创新。

（一）建立健全大教育观

具体表现在创新高校教育资源共享上，通过新教材和立体化教材建设、网络教育资源开发和共享平台建设，建设面向全国高校教育的精品课程和立体化教材的数字化资源中心，建成一批具有示范作用和服务功能的数字化学习中心，完善服务终身学习的支持服务体系，提升我国高校教育的质量和整体实力。这需要充分考虑提高教学质量的系统性和复杂性，确定一些具有基础性、全局性、引导性的创新突破口，引导高校教育教学创新的方向，实现高校教育规模、结构、质量和效益协调发展。同时，也需要调动政府、学校和社会各方面的力量，把发展高校教育的积极性引导到提高质量上来，充分利用各方面力量支持高校教育的发展，切实解决高校教育在提高质量方面的实际问题，为高校教育办学创造良好的外部环境。

（二）高校教育教学创新

高校教育教学创新与高校教育质量提高是一对永恒的话题。总体而言，我国高等教育教学创新在实践活动上可谓阵容庞大、气势恢宏，但在形式和内容上出彩不多。因此，在教学制度创新方面，要继续建立和完善教学评估制度、专业认证制度、高校教育基本状态数据发布制度等；在教学活动创新方面，不仅要落实"教授、名师要上课堂"，还要努力建设高水平教学团队。同时，应继续突出学生的主体地位，不断加大学生选课、选专业的余地，通过学分制使学生学习的自主性、自我责任心进一步增强。此外，还应通过各级各类大规模、高强度的教学研究与教学创新立项和成果奖励，推动教学方法创新的激励机制建设，根本改变教学方法创新零散、自发、孤立、短效的局面。

第三节　高校教育教学方法

一、高校教育教学方法概述

在已有研究成果中，对于高校教育教学方法的分析和认识有本质揭示型的，也有特征或过程描述型的；对于高校教育教学方法研究的风向则转向了"模式"路径。无论是本质揭示还是特征或过程描述，都存在一个致命缺陷——教师本位思想。这样，几乎所有关于高校教育教学方法的本质定义和特征归纳，都陷入以教师为主导的"二元论"泥沼，从教师角度研究教授方法，从学生角度研究学习方法，教授方法加学习方法就构成教学方法。这种逻辑思路所分析得出的结果自然离高校教学活动真实情景距离较远，教师的教授方法可以在没有学生参与的环境下进行，学生的学习方法更无需教师的直接参与。这两种可以游离的方法不是简单相加就可以组合成新的方法。因此，学界对传统的教学方法研究成果提出了批评。但批评与建构是事物发展的两个不同阶段，但在建构尚无突破、也未引起足够重视的情况下，高校教育教学方法的研究却转向了"教学模式"研究，随着教学模式研究的兴起，教学方法研究则式微。

其实，教学模式研究代替不了教学方法研究，或者仅是教学方法研究特殊阶段的一个尝试。很多教学模式研究成果显示，它属于教学方法研究范畴，教学模式是多种教学方法的综合。至于说教学模式是稳定的、典型的教学程序或策略或样式，这种表述也背离了高校教育教学活动的本质，与高校教育教学活动特征不相符。因为高校教育的教学活动，尤其是教学方法，不存在可以照搬、套用的"方法组合"，试图设计或概括出一种模式加以推广也不符合高校教师、学生、学科专业、学校类型等差异化的实际。高校教育教学，它的本质是一种整体性的有机"活动场域"，教学方法就是维系这种活动场域或隐性或显性的"脉络"，即在教师的教授活动领域与学生的学习活动领域的交叉重叠部分发生的信息传达、消化、反馈的思维、路径、手段、氛围环境等。在这个交叉重叠区域之外的教授方法、学习方法或者管理方法，虽然对教学活动、人才培养有重要影响，但不是严格意义上的教学方法。

在高校教育教学活动场域中，关于方法问题还不只教学方法一端，还有管理与教师活动交集场域的方法问题、管理与学生活动交集的方法问题。但教师和学生活动交集又与管理活动有一小块交集，问题的核心就在于教学方法的掌控权限。假如教师、学生、管理者在整个教学活动中的作用是均衡的，而且教学方法的选择与使用也是深度融合的，则三者对教学方法掌控权的共同认可范围大约是各自三分之一的"他控"组合区域，各自的三分之二都是自我控制的。也就是说，在教学方法的控制问题上，管理者、教师和学生都不可用全部的单方面意愿来衡量整体和他方的教学方法，真正可以达到三方共控的，是小于各自三分之一的共同空间。教学方法的自由是"教学自由"的实践根源。

二、高校教育教学方法的特点

认识教学方法的特点是认识高校教育教学方法的理性提升。仅从明确提出高校教育教学方法特点和分类来看，几乎都是循着"探寻模式"和"分析过程"两种思路在进行。薛天祥提出了课堂教学方法、自学与自学指导方法、现场教学方法、科研训练方法的"四分说"，陆兴提出了组织和实施学习认识活动方法、刺激和形成学习认识动机方法、效果检查和自我检查方法的"三分说"。我们通过分析大量教学成果奖获奖材料及"教学名师"的实践经验发现，对于高校教育教学方法特点和分类的认识要首先回归教学活动本身。教学方法必须是在教学活动中充当"脉络"功能的东西，教学活动之外的、教学活动之中但不能充当活动"脉络"的，都不能归于高校教育教学方法考察范围。

在整个高校教育教学活动中，一切活动都是围绕"提高教学水平和教育质量、实现培养目标"这个中心的，而且任何活动都具有其方法、途径、手段。在专门人才培养过程中，课程是最基本的知识与能力体现单元，也是高校教育活动中学科与专业相互转化与结合的最小载体。学科是一个按照学术发展逻辑不断丰富起来的系统化的知识体系，专业是教育活动按照社会对专门人才要求所设计的一个相关学科知识体系群，开展这种学科知识体系群的知识传授和能力训练就是专业教育。可以说，专业是按照社会发展的逻辑变化的。课程是学科知识体系的分化单元，也是高校教育实施专业人才培养的最小的完整的知识与能力结构单元。高校教育的复杂性就体现在从课程这个知识逻辑体系到转化为接受教育的学生所获得知识与能力的微观过程之中，这就是教学活动。因此，研究高校教育教学方法必须把课程作为基点，与教学活动关联不大。确定了教学方法的基本范畴，尚需进一步对教学方法的内在特点和结构进行细化。

高校教育教学方法特点的研究近来比较沉寂。早前的"二性论"（专业指向性和学术研究方法接近性）、"五个培养论"（学生的自学能力培养、研究能力培养、实践能力培养、合作精神培养和创新精神培养）及"七方式论"，几乎都是对教学方法的实现功能考察得出的结论，到了"三性论"（学生主体性、探索性、学科专业性），关于高校教育教学方法特点的研究才逐步回归到高校教育教学方法本身。

循着这种思路，在全面考察高校教育教学方法涉及的各个方面之后，我们认为比较集中的、显然区别于其他层次教学方法或者高校教育教学活动中其他范畴的特点主要有以下六点。

第一是可感性。可感性与抽象性、不可感知相对。教学方法虽然具有工具性，但一味强调甚至放大它的工具性是不利于创新的，所以要把它看作是维系教学活动场域的"脉络"，尽管"脉络"不都是可见的，但必须是活灵活现的。教学活动到了面对面的"方法"程度，感性色彩非常浓厚，不仅要使参与者都能够感知"方法"的存在，而且还要富有效果。可感性是对教学方法的具体化概括，无论是语言、工具、形象、仪态还是思路、能量等，都能够让人感触、感知、感觉得到。这就可以避免原来"方法是对知识进行加工并呈现出来"说法的片面性。可感性越强，可接受程度越高。

第二是内隐性。内隐与外显、直白相对，近似于含蓄。教学方法的最终目的是教育学生，而无论从理论上分析还是从教学实践经验总结，对于不同的人，或者对同一人的不同时段和处境，教化的方法是截然不同的，这就需要教学方法具有内隐性，不全是直白的指点、训斥。同时，一切社会认知都具有内隐性，根据学习心理学的研究，学习者对于社会性信息感知的内隐性要强于对非社会性信息的感知。这好比大厦结构中的钢筋和水泥，内隐性是"钢筋"、外显性是"水泥"，它们共同构成认知建构的基本结构。高校教育教学活动，虽然是专业性教育，但更多的是社会认知性学习，因此，内隐性是教学方法的普遍特点。

第三是双重性。双重性就是事务的两种相对独立甚至对立的特性集于一体，很多事务具有双重性，高校教育教学活动的双重性尤为突出。在教学方法层面，教师和学生的主体双重性、教师和学生参与教学活动动机的双重性、目标的双重性、价值标准的双重性等都集中在一起，交锋交会。具体而言，突出表现在教学内容、方式方法、手段，甚至是目标、结果等教育内部体现上。这些关系有的是从属的、有的是背离的、有的是不确定竞争性的，还有的是客观性与主观性并存。总之，忽视高校教育教学方法的双重性，教学方法就会走向死胡同。

第四是微观性。微观是个相对概念，社会科学中，通常把从大的、整体方面去研究和把握的科学称作宏观科学，从小的、局部方面去研究和把握的科学称作微观科学。在高校教育教学活动体系中，教学方法显然不属于宏观层面的概念或范畴，微观性是教学方法的实际处境，只有认识到这一点，才能准确分析教学方法的各种内在问题。任何提升或夸大教学方法层级的认识和企图都会把教学方法研究引向歧途。

第五是复杂性。复杂性是一门认识论、方法论科学，它是对"还原论"的批判和超越，是对"整体论"的追求，或者说是既重视分析也重视综合，既关注局部也关注整体的系统科学的新发展。事物的复杂性是指在环境、条件发生变化时，不同行为模式之间的转换能力及表现比较弱，某些新增条件似乎消解了一些元素。因此，要用非线性关系去把握局部与整体的变化。认识事物的复杂性，必须把握复杂性事物内在的非线性、不确定性、自组织性和涌现性。高校教学活动，完全符合复杂科学的这些特征，因此，教学方法相应地具有复杂性特点。

第六是丰富性。感性活动的基本特点就是无限的丰富性，教学活动尤其是教学方法方式，既是有组织的合理性和合规则的建制活动，更是一种师生互动的感性活动。一名教师教授同样的课程，两次的教学感受及教学方法可能是完全不同的，学生的学习感受也是如此。教学方法的丰富性实际就是教学方法的感性、复杂性、双重性等特点的衍生结果。因此，期望用教学模式来"类化"教学方法的研究路径是违背教学方法规律和忽视教学方法特点的。

三、高校教育教学方法的分类

高校教育教学方法的分类要从种属和类别两个方面分析，即按照种和类两个维度进行分解。第一个维度是"类"的角度，可以分为：① 教学方法总论；② 理论课程教学；③ 实践课程教学；④ 学习方法。第二个维度是具体的方式与途径，即"种"的角度，可以分为：① 课程教学内容与体系创新；② 教学方式方法创新；③ 教学手段与技术创新；④ 教学艺术与技巧创新；⑤ 教学方法模式创新与综合创新；⑥ 教学效果与质量检验方式创新；⑦ 教学组织方式方法创新；⑧ 教学方法创新理念与策略。建立这样一个二维方法结构表，基本可以反映高校教育教学方法的全貌，高校教育教学方法的所有特性也能够在其中找到相应的载体。高校教育教学方法研究就是要从高校教育教学活动的整体系统入手，深刻分析教学方法的特点，认识教学方法的规律，并在教学实践中有效运用教学方法。在进行高校教育教学方法研究时，有三个基本着眼点不能忽视即课程、教学方法和目标。课程是教学方法研究的逻辑起点。教学方法研究从何入手，不同的路径产生不同的结论，比如以教学工具为基点，就会使教学方法研究偏重于实现教学的手段；以教师主体为基点，就会使教学方法研究走向"教师中心"的单边主义。教学方法研究的适用基点可以有很多种选择。我们所理解的教学方法应该以教学内容为出发点，因为教学方法所承载的主要功能就是知识的传递、接收、转化与学生修养、思维、能力的训练。没有教学内容，教学方法就无从谈起。但是，教学内容是一个复杂的体系，大到学科专业的系统化知识体系，小到一个基本概念和定律、规律性常数等，针对不同的教学内容可能会出现不同层次的教学方法。

课程在发展演变中，曾被赋予过多种多样的含义，富有代表性的课程定义有如下几种：学习方案、学程内容、有计划的学习经验等。一般认为，课程就是系统的教学内容，是一系列教学科目的集合。具体而言，课程包括"教学计划""教学大纲"和"教科书"所规定和表述的内容。无论课程的定义表述如何，这里作为教学方法研究逻辑起点的课程特指高校教育课程。高校教育课程不同于基础教育课程，它具有自己的基本范畴和过程性特点。基本范畴就是高校教育课程一个系统性概念，最基本的是为达到某个教育目的而组织的一个单纯性教学内容。推而广之，还有教学科目、学科。过程性特点是高校教育课程的显著标志，无论哪个层次的"课程"都是为实现一定的教育目标而组织的教学内容，而且这些教学内容必须进入教学环节，参与教学活动。尽管从哲学、心理学、社会学、交往论等不同视角看待课程的过程性会有不同的认识，但"知识体系""教学资源""教育目的载体""组织模式"这几个核心概念是其灵魂所在。从起源讲，课程就是"课业进程"。

教学方法是以某一门具体教学科目为基础的教学交往活动要素，不仅存在于孤立的一次教学组织活动中，也存在于学科专业层面的全程教育活动中。在当前课程创新意义上，可以适当延伸到课程组群的教学活动如专业基础课程、专业课程或者理论性课程、实践性课程，还有从表现形态划分的显性课程、隐性课程等。因此，以课程为逻辑起点的教学方法研究，必然是丰富多彩的。

目标是教学方法研究的基本考量。这里的目标不全是高校教育人才培养规格目标，而是指具体课程的教学目标，但它又是整个高校教育人才培养目标的一个组成部分。这个课程教学目标既是课程体系的目标，同时又是教学活动的实现目标。按照课程论的观点，高校教育课程设计具有基础性、实践性和国际性的发展倾向，那么，具体的单门课程目标，既有与其他相关课程目标的分野又有相互的衔接，既是整体人才目标的组成部分也各具自身的独特性。而要达到这个目标，则是教学环节即教学方法所必须回答的教学目标。一般来说，将课程的知识结构体系传达给学生不是难事，但这不一定需要教师的参与，更无须教师设计教学方法。课程目标的重要任务是以知识体系为载体，通过教学活动达到训练学生能力、提高学生认知水平，并在一定程度上转化学生情感的效果。

因此，研究和分析高校教育教学方法，必须把实现课程及教学目标作为考量依据，尽管课程与教学目标也是教学评价的重要依据，但如果在教学活动的方法选择上游离教学目标，那么在没有做到"教考分离"且学生对教学评价主导地位难以落实的情况下，课程教学考核依然会在教师或管理者的单边主义主宰下进行，不能反映某门课程的目标是否实现。这也是长期以来，高校教育教学活动中教师教书本、学生学书本、考试考书本，最后学生除学了一堆知识之外，实践能力、创新思维、情感培育等非常欠缺的原因。

教学方法为实现教学目标服务，在教学方法被"艺术化"的倾向下，尤其要防止"为艺术而艺术"的思潮蔓延，使教学方法创新走上一条"为方法而方法"道路。无论是实施教学组织，还是运用教学方法，或是评价教学方法，都应该把课程及其教学目标放在首位，根据目标实现的程度和效果及采取某种方法开展教学的效率来考量教学方法的好坏。在各种类别和层次的教学方法中，以一门课程的教学目标实现和其相应一个教学活动单元组织开展的教学方法就是本研究的基本使用域。

第四节　现代教育理念

一、现代教育理念的内涵

（一）以人为本的理念

21 世纪的今天，社会已经由重视科学技术为主发展到以人为本的时代，教育作为培养社会所需要的人才来促进经济社会发展的事业，更应当体现以人为本的时代精神。因此，现代教育强调以人为本，把重视人、理解人、尊重人、爱护人、提升和发展人的精神贯穿教育教学的全过程，它更关注人的现实需要和未来发展，注重挖掘人的潜能，重视人自身的价值的实现，从而不断提高人的生存和发展能力，促进人自身的发展与完善。

（二）全面发展的理念

促进人的自由全面发展是现代教育的宗旨，因此它更关注人的发展的完整性、全面性。宏观上表现在，它是面向全体公民的国民性教育，注重民族整体的全面发展，以大力提高和发展全民族的思想道德素质和科学文化素质，提高民族的知识创新和技术创新能力，增强包括民族凝聚力在内的综合国力为根本目标；在微观上，它以促进每一个学生在德、智、体、美、劳等方面的全面发展与完善，造就全面发展的人才为己任。这就要求人们在教育观念上实现由精英教育向大众教育、由专业性教育向通识性教育的转变，在教育方法上采取德、智、体、美、劳多育并举、整体育人的教育方略。

（三）素质教育的理念

现代教育更注重教育过程中知识向能力的转化工作，注重将教育内化为人们的良好素质，强调知识、能力与素质在人才整体结构中的相互作用、辩证统一与和谐发展。针对传统教育重知识传递、轻实践能力，重考试分数、轻综合素质等弊端，现代教育更加强调学生实践能力的锻造，全面素质的培养和训练，主张能力与素质是比知识更重要、更稳定、更持久的要素，把对学生综合素质的培养与提高作为教育教学的中心工作来抓，以帮助学生学会学习和强化素质为基本教育目标，旨在全面开发学生的各种素质潜能，使知识、能力、素质和谐发展，提高人的整体发展水平。

（四）创造性理念

传统教育向现代教育的重要转型之一，就是实现由知识性教育向创造力教育转变。因为知识经济更加彰显人的创造性作用，人的创造力潜能成了最具有价值的不竭资源。现代教育认为，教育教学是一个具有高度创造性特点的过程，以启发、点拨、开发、引导、训练学生的创造力才能作为其基本目标。主张以更新颖的教学手段和美好的教学艺术来创造教育教学环境，从而更好地培养创造性人才。现代教育主张，完整的创造力教育是由创新教育（旨在培养学生的创新精神、创新能力与创新人格）与创业教育（旨在培养学生的创业精神、创业能力与创业人格）二者结合而形成的生态链构成。因此，加强创新教育与创业教育并促进二者的结合与融合，培养创新型、创业型、复合型人才成为现代教育的基本目标。

（五）开放性理念

当今时代是一个开放的时代，科学技术的快速发展，经济的逐步全球化使世界成为一个紧密联系的地球村。以前的教育格局将被打破，取代它的是一种全方位开放的新型教育。这种新型教育包括教育方式的开放性、教育过程的开放性、教育观念的开放性、教育目标的开放性、教育评价的开放性、教育内容的开放性等。

（六）多样化理念

现代社会是一个日益多样化的时代，随着社会结构的高度分化，社会生活的日益复杂和多变及人们价值取向的多元化，教育也呈现出多样化发展的态势。这首先表现在教育需求多样化，为适应经济社会发展的要求，人才的规格、标准必然要求多样化。其次表现在办学主体多样化、教育目标多样化、管理体制多样化。最后还表现在灵活多样的教育形式、教育手段，衡量教育及人才质量的标准多样化等。这些都对教育教学过程的设计与管理提出了更高的要求与挑战，要求根据不同层次、不同类型、不同管理体制的教育机构与部门进行柔性设计与管理，更推崇符合教育教学实践的弹性教学与弹性管理体系，主张为教育事业的发展提供更加宽松的社会政策法规体系与舆论氛围，以促进教育事业的发展与繁荣。

（七）生态和谐理念

自然物的生长需要良好的自然生态环境，人才的健康成长同样也需要宽松和谐的社会生态环境的滋润。现代教育主张把教育活动看作一个有机整体，这个整体不但包括教育活动的老师、课堂、学生、教育、实践、内容、方法等要素的融洽与和谐统一，也包括教育活动与整个文化氛围和环境设施的和谐统一，把融洽、和谐的精神贯注于教育的每一个有机的要素和环节之中，最终形成统一的教育生态链整体。

（八）系统性理念

随着知识经济的来临及学习化社会的到来，终身教育成为现实，教育成为伴随人一生的最重要的活动之一。因而，教育不再仅是学校单方面的事情，也不仅是个人成长的事情，而是关乎社会进步与发展的大事，是关乎整个国民素质普遍提高的事情，是关乎精神文明建设及两个文明协调发展的全局性、战略性大业。它是一项由诸多要素组成的复杂的社会系统工程，涉及许多行业和部门，所以需要全社会普遍参与、共同努力才能做好。所以，与传统教育不同，转型时期我国正在形成的是一种社会大教育体系，它需要在系统工程的理念指导下进行统一规划、设计和一体化运作，它以培养人们的学习能力、提升人们的生存和发展能力为目标，以实现社会系统内部各环节、各部门的协调运作、整体联动为基础，把健全教育社会化网络作为构成教育环境的中心工作来抓，促进大教育系统工程的良性运行与有序发展，以满足学习化社会对教育发展的迫切要求。

二、高校现代教育理念

我国学界对教育理念问题的关注和研究，始于 21 世纪之初的基础教育新课程改革。新课程从教学目标的确立到教学内容的编排，再到教学方式的设计，都与传统课程有着根本的不同。教师要想适应新课程的教学工作，首先必须转变教育思想和观念。其次，教育理念研究逐渐从基础教育领域进入高校教育领域。从已有教育理念的研究成果来看，其概念界定比较有代表性的观点如下。有学者从教学理性认识的角度出发，认为教育理念是从先进的教育理论中演绎出来的有关教学活动的理性认识，是"教学应该怎样，为什么需要如此"的理想化认识，体现了教师对教学实践的价值期待及理想追求。有学者从现实与超越的视角指出，教育理念不仅包括教师对教学问题的现实性认识，也包括教师对教学问题的前瞻性价值判断与结果选择。有学者主张从教学规律的角度解读教育理念，指出教育理念是教师对教学与学习活动内在规律的认识，是教师对教学活动的看法及所持有的基本态度与观念。有学者从大学教师的维度指出，教育理念是指大学教师头脑中观念性地存在着的，关于学科教学和学生智慧发展等方面理论与信念的综合体，是指导教师教学实践活动的理论基础。有学者从融合与统一的视角指出，教育理念就是教学理念和教学理想的一种融合，是主观和客观的一种融合，是认识和信念的一种融合，是思想和行为的一种融合，是事实判断和价值判断的一种融合。有学者则从教学思维和教学价值观的角度出发，指出教育理念是关于教学的根本看法和思想，是教师对教学问题进行思考所获得的结果。综上所述，学者们对教育理念概念的解读和界定，虽然存在着认识视角和侧重点的不同，但也反映了一些共同特点，即都主张把教育理念理解为教师对教学所做出的主观认识和价值判断，是教师对教学所表现出的态度与信念、期待与追求，是教师对教学所持有的思想与观念。

　　基于上述分析，我们认为高校教育理念是高校教师在长期教学理论学习与教学实践反思基础上生成的对教学活动价值及其本质规律的认识和判断。从本质上来说，教育理念体现了高校教师对"教学究竟是什么"及"教学到底能够做什么"的理性思考，深刻反映了教师对教学的应然状态，以及教学的理想状态的憧憬和向往，因而表现为一种指向教学实践活动未来的精神范式和理性品格。高校教育理念不同于教育观念，教育观念或者是以"非系统化"的方式呈现关于教学实践的感性认识，或者是以"意识形态"的方式呈现关于教学实践的理性认识，具有强烈的现实性色彩。高校教育理念也不同于教学理想，教学理想是教师对未来教学实践发展趋势的把握、想象和憧憬，它不仅具有鲜明的情感性特点，而且具有极为突出的信念性特征。高校教育理念处于教育观念和教学理想的联结点与关键点的位置，较之于教学观念，它往往弱化了现实性而更具信念性；较之于教学理想，它往往弱化了信念性而更具现实性。教育理念在高校教师的教学实践活动中发挥着方向性和主导性的价值作用，是教师更新教学行为的先导和灵魂。教育理念渗透和融入高校教师的教学过程之中，不仅影响着教师对教学内容的讲解、对教学方法的运用及对教学进程的调控，而且也影响着高校教师的教学态度及对教学认知、情感和行为的投入程度，因而是高校教师教学成功的最深层支撑力量。

第二章
我国高校教育教学管理的问题分析与创新发展

随着社会化进程的不断推进，高校教育体制改革的步伐越来越快。良好的高校教育管理体制对于全面提高教育水平具有非常重要的作用。因此，我国高校教育教学管理成为人们关注的焦点。

第一节　我国高校教育教学管理的问题分析

一、目前我国高校教育教学管理的问题

从宏观上看，高校与政府密不可分。我国大部分高校教育管理都是实行在中央领导下的分级管理制度。目前，虽然多数高校能够做到民主管理、自主办学，但在具体的事务管理中，高校难以脱离政府组织而存在。这在政策、财务、人事管理等方面都有所体现。

政府进行管理的决策手段主要有政策、法律、拨款等方式，而教育则必须遵循其内在的规律。政府的控制对教育自身的发展有利有弊。为了教

育的生存与发展，教育管理者会做出各种决策，而教育作为长期发展的过程，需要有行政决策的前期论证作为基础。

从微观上看，民主与专制是高等教育管理体制中存在的一个问题。其中的民主主要体现在两个方面：一是学校和家长及社会的权利分配、机构各部门间的权利分配方面；二是政府和学校、教师与校园管理者及师生间的权利分配方面。在权利的分配过程中，责任问题较为重要。享有多大的权利就要承担多大的责任，即权责一致。若不一致，就等同于专制了。所以人性化管理成为高校教育教学管理的一种趋势。

在高校扩招后，公平与效率、质量与数量的矛盾逐渐显现出来。高校的扩招使高等教育由精英化走向大众化。有限的教育资源不能满足越来越多的学生的需求，而导致教学质量下降。为了提高管理效率而采用统一的管理方法，进而忽视个体差异也是高等教育管理中常见的问题。如何维持高校中的公平值得我们思考。

从后现代的角度观察现在的高校教育教学管理，可以发现很多问题，下面从五个方面进行分析。

（一）管理结构方面的问题

我国的高等教育是一种科层制的管理模式。它适应了规范化管理秩序，体现了理性化管理思想。科层制管理模式的典型特征是"权力中心"，规章制度是其维系的纽带。

在现代工业生产中，科层制体现了注重效率的分工协作关系。社会大分工是顺应时势的产物，它既有利也有弊。有利之处是，它解决了各个小个体不能完成内部繁杂工作的问题，使得各项工作分工明确、井然有序，提高了工作效率；不利之处是使组织内部出现分离，减少了内部联系。学校是一个与外界联系较少的封闭系统，受社会环境影响较小。学校的科层制主要表现在严格的层次节制上。在具有科层制取向的学校组织中，组织内部上级对下级有合法控制的权利，下级对上级有服从命令的责任。科层制的规章制度将学校内的各项工作以规章的形式明确下来，使学校组织内部工作变得章程有序、有法可依。结构和功能密不可分，相辅相成。学校系统结构的优化和功能的优化紧密相连。

但是，科层制由于过于强调权威也产生了一些负面效应。过度强调法规条例会导致严格监督、强硬控制、有效奖惩等手段的出现，从而导致组织内部人心疏离；反过来，人心疏离又会导致控制的进一步加强，从此形成恶性循环，破坏学校良好的氛围。科层制产生的负面效应在学校内部主要表现为部门间的冲突矛盾不断。例如，校长和教务处、后勤与教师、学生的管理系统等极易产生矛盾。这种严格的制度管理下形成的强制性校园氛围不利于学生的个性发展。学校组织是一个不可划分的整体，各个部门紧密联系，总的目标是促进学生成长与发展；而严格的层级制度管理不利于学校组织的正常运行和发展，更有悖于学校组织的性质。

（二）管理对象方面的问题

第一，现在高等教育管理多为注重效益的科学管理。科学管理通过抽象掌握管理对象的本质来实施管理举措，主要采用大范围的调查、测量、评估等方法。但是高等教育管理的对象是有思想、有个性的人，是不易被控制的。管理者将他们看作有统一性质的物，使其标本化，进行统一管理。这种做法忽视了人性的差异，在对不同问题的解决处理上过于片面、单调。

第二，现代管理组织的科层制和其结构使得上级领导具有绝对权力。管理者进行策划与决策，而不用实际操作；实施者接受上级管理而采取行动，不会去思考。长此以往，没有人会主动思考、质疑，也就失去了创新意识。在这种等级分明的制度下，追名逐利的人越来越多，而富有创造力的人越来越少，社会的发展将受到阻碍。

（三）管理目标方面的问题

当前，高校教育管理大多注重科学理性，管理者在许多管理工作中都采用量化管理的方法。管理者用明确的数字和具体的行为来分析问题，忽视了道德因素与价值因素对教育管理的影响。例如，管理者在做学生管理工作中的综合评比时就采用了量化管理方法，将学生的日常表现、学科成绩、道德思想等量化成不同的分数。量化管理方法可以帮助管理者选出一些优秀的学生，但同时管理者也需要注意思考这种评价是否合理、是否科学。对于学生参与的校园文化活动、做义工等出于什么样的动机，管理者无从得知。管理者在对教师教学和科研能力进行评价时，也主要采用了量化方式，而没有做实质内涵的评估。科学理性使工具主义和利益主义盛行。在这种管理制度下，管理的目标只是满足学校要求、维持学校秩序，管理者缺少了应具备的内涵，只是学校秩序的维护者。

人是高等教育的主要对象。高等教育组织的目的是培养人。所以，管理组织的过程和目的都应该以人为本，重视人的生命、价值、生活等。根据科学管理的原则将问题简化，不注重内在价值必将导致失败。管理者应该认识管理中的价值因素，冲破原有的束缚，使高等教育管理得到创新发展。

（四）管理模式方面的问题

确定性是科层制中的又一不良属性，上下级的权利结构增强了人们脑中的确定性。一方面，人们在各自职能和组织结构角色中被认为是固定的、不可变的；另一方面，科层制的确定性使人们心生惰性，只是一味地接受上级的命令，没有自己的想法，不寻找适合自己的方式，逐渐失去自我，没有了作为人的主体性和差异性。在高校管理中这种倾向尤为明显。在实际情况中，学校管理者常用统一的教育管理方式来管理不同的学校组织，忽视了不同类型学校组织的差异性。如师范类、艺术类、综合性的大学都具有自己独特的个性特点；同一所学校不同的学院、系也都不尽相同。但是很多高校管理者没有意识到差异性，用统一的理论指导教育管理。

（五）教育教学管理队伍方面的问题

1. 学校对教学管理队伍的重要性认识不足

长久以来，高等学校对教育管理工作的重视程度不够。许多学校认为教学管理工作是单调的重复性工作，没有技术含量，停留在"事务型""经验型"的管理层面，教学管理人员不需要过强的专业能力。所以，学校在选拔教学管理人员时往往忽略了对他们素质的要求。学校门槛的降低导致一段时间内出现教学管理队伍低学历、低职称的现象，教学管理质量下降。特别是扩招后，各地方院校不断扩大办学规模，广招学生，学生数量的增多加大了教学难度。为了保证教学质量，学校加强了师资队伍的建设，与此同时却忽视了教学管理的发展，不能用教学管理工作中的专业知识和能力来要求教学管理人员，不重视教学管理人员的管理知识、技能培训。教学管理人员应具备的能力得不到提高，教学管理的层次得不到升华，不利于高等教育质量的提升。

2. 教学管理人员缺少创新意识

长久以来，我国传统的管理观念深入人心。传统的管理制度使得高校教育教学管理人员对学校的管理形成了固定的思维模式，被动地执行各项政策，按部就班，服从领导的命令，较少进行创新思考和教育科学研究，逐渐产生了惰性，失去了创新精神。而新时期的高校教育教学管理应与时俱进、创新发展。面对此种情况，部分教学管理人员不能适应现代教育教学管理要求。

3. 教学管理队伍专业思想不坚定

目前，高校的教学管理队伍存在专业思想不坚定的现象，教学管理队伍的人员流动性大。现在各高校的管理人员有许多都是从其他岗位转过来的，缺少专业人员的思想教育；只有小部分长期从事这项工作的管理人员是从管理专业毕业的。一些高校不重视教学管理人员的培养，致使教学管理岗位没有了吸引力。一些有一定工作能力或知识水平的工作人员思想不稳定，认为这项工作不被重视，吃力不讨好。此外，部分高校虽然将管理队伍的职称评比定位为专业技术人员，但是教学管理岗位职称的问题却没有得到解决，再加上教学管理人员待遇低于同级其他岗位的人员，打击了在职管理人员的积极性，以致有些管理人员工作不投入或者想跳槽。尤其是院（系）级教务员流动性大，工作没多长时间就转岗，刚刚熟悉工作就走人，使院（系）不得不调换人员。这对教学管理队伍的稳定性、管理工作的连续性都产生了极大影响。

4. 教学管理人员专业知识、能力不符

高校是高素质、高学历、高端人才的聚集地，其核心工作是遵循教育教学规律，培养高素质的人才。大部分教学管理人员都不是管理专业毕业的，岗前没有经过专业系统的培训，缺少现代教学管理知识。上岗后繁杂的工作、职称的晋升、专业的深造等多种原因使得教学管理人员没有时间和机会学习教学管理方面的知识与技能，缺少教育管理科学、高等教育学、教育心理学等方面的专业知识，不了解课程建设、专业建设、教材建设等方面的规则。甚至有些人的工作能力不符合现代教学管理的要求，教学管理效率低。

5. 教学管理队伍的结构不合理

我国现有的教学管理人员的来源主要有两个：一是学生工作部门的管理干部和大学就业指导的政治辅导员；二是经济管理类的教师。当前的教学管理队伍在专业结构、年龄结构、学历结构、职称结构等方面都不太合理。在专业结构方面，管理干部和学生辅导员占大部分比例，很多都是非专业的；在年龄结构方面，教师年龄大多在四十岁左右；在学历结构方面，研究生比例不超过 30%，博士生更是几乎没有；在职称结构方面，中级及以下职称的人数较多，高级以上职称人数较少。创新创业教育理论研究是发展创新创业教育的基础，而教学管理人员是创新创业教育理论的主要研究者。创建一支水平高、结构合理的教学管理队伍，是发展创新创业教育的必经之路。因此优化教学管理队伍的结构是我们需要探讨的一大问题。

二、目前我国高校教育管理出现问题的原因

（一）近现代历史赋予其政治与民族色彩

我国的近现代史有屈辱但也有自强不息。虽然帝国主义对我国强取豪夺，使我国陷入困境中，但同时也激发了一些爱国同胞对救民族于水火、复兴国家的思索与热情。我国在中日甲午战争中落败后，一些知识分子踏上了振兴民族、走向富强的道路。在此期间我国第一所高等教育组织——京师大学堂诞生。在动荡的政治背景下，京师大学堂担负着振兴民族的责任。

我国的诸多高等教育组织都是在新中国成立后出现的，当时建立的高等教育管理体制和观念至今仍产生着一定的影响。

（二）传统的官本位文化致使其行政化

秦朝是官本位文化的起源，秦始皇统一六国后建立郡县制，他委任官吏执掌各项事务，因此，官吏变成权力的象征。汉朝又将儒学变为官学。在隋唐时期，考取功名成为儒生的目标。在明清时期，人们对仕途功名的追求达到白热化。现在，科举制虽然退出了历史舞台，但是官本位作为一种民族文化至今存在并有着较大的影响力。

高等教育中的行政本位指的是以行政管理机构为中心建构大学权力结构，高等学校成为行政官僚式科层组织，干部领导的任命是行政主导型的。在行政化的高校教育教学管理中，巨大的行政管理系统兼顾学术管理和行

政管理，大学的行政系统掌握着大学科研和教学的支配权，学校的各种资源都由行政管理层分配。

（三）社会快速发展使其具有滞后性

现代科学技术飞速发展，其中网络、信息的发展尤为突出。尤其是自改革开放以来，社会的发展对高等教育管理也提出了许多新的要求。如果高等教育管理不能顺应时势改变方法、调整思路，必将产生许多问题。不健全的法治建设和不及时的机构调整是高校教育教学管理滞后性的主要表现。

我国在计划经济体制中建立的高等教育管理体制并不一定适用于市场经济体制，随着社会主义市场经济的发展和对外开放，自主管理权逐渐被一些管理组织所关注和呼吁，自主管理权需要有机构支持才能落实和发展。

第二节　高校教育教学管理的变革发展

随着改革开放深入发展，大学致力于由应试教育向素质教育转轨，以"以人为本"为指导思想，弘扬现代人本主义的管理理念。当代大学生教学管理为适应这一教育改革趋势，也致力于自身理论的大胆探索与实践。针对大学教育教学管理的现实问题，我们要着力分析当代高校教学管理改革的必要性和改革途径，从而使高校教学实践有更好的理论指导。

一、高校教育教学管理改革的必要性

大学的中心工作是教学，大学发展的生命线是教学质量。在高等教育迅速发展的今天，经济、社会等不断变化给保证和提高大学教育教学质量带来了新的挑战。因此，高校教学管理改革就显得十分必要。

二、高校教育教学管理改革的途径

提高教学质量是教学管理的目标。而教学质量是一个综合性指标，其决定性因素有很多，包括师资队伍、教学实验设备条件、现代化教育手段的应用、办学思想、教学管理、专业建设、课程和教材建设等。因此，我国大学教学管理的全方位改革应从六个方面着手：① 明确教学管理的职能本质；② 合理配置教学资源；③ 注重教师队伍建设，提高教师综合素质；④ 建立科学合理的教学评估体系；⑤ 加强大学学风建设；⑥ 将传统教学管理模式与现代教育技术结合起来。

三、当代高校教育教学管理改革分析

随着教育改革的不断深入与发展，现代教育理念也随之不断变化与更新。而现行教育的新理念有三种：创新的教育、终身的教育和素质的教育。高校是素质教育和创新教育理念实践的主体；而终身教育是针对现代的知识性社会性质而言的，无法在学校教育阶段实践。现代教育的新理念适应了现代教育培养复合型人才的要求，但是，因为这种理念实施的不利因素是现代教育的管理模式，所以对于现代教育新理念的实施而言，探寻现代教育管理的适应模式具有重要意义。

（一）针对素质教育的教育管理改革分析

第一，转变思想观念，将素质教育的理念渗入教育管理改革之中。

第二，建立完善的教育管理体制，加大素质教育实施力度。

第三，加大教育投入，提高办学条件。

第四，建立素质教育运行机制。

第五，提高教师素质。

第六，改革考试制度与教育评价体系以适应素质教育的要求。

（二）针对创新教育的教育管理改革分析

实施创新教育是历史的必然，而我国在实践落实创新教育的过程中存在着许多困难也是客观事实。通过教育管理改革推动创新教育的全面实施，主要有七种措施：① 加大宣传力度，树立创新教育意识，走出高分高能的认识误区；② 转变教育观念，树立以学生发展为本的教育教学观；③ 优化课程结构，注重课程设置的综合化、多样化；④ 丰富课堂教学，这是实施创新教育的主渠道；⑤ 改变教学组织形式和方法，鼓励学生创新思维，发展学生的创新个性；⑥ 实行开放教育，通过各种活动，培养和开发学生的创新能力；⑦ 改变重知识和智育的单一评价模式，树立弹性、多元的教学评价观。

四、当代高校教育教学管理观念的变革

在大学教育管理工作中，以人为本既是一种价值观，又是一种方法论，它对指导教育教学管理具有三种意义：① 教育的产生和发展是社会发展和人自身发展的需要，社会和人是教育的主体；② 推动人类社会的延续和发展是教育工作的最终目的，而这个目的是通过培养社会所需求的人来实现的，从而决定了教育活动的中心是人；③ 只有全面提高人的综合素质，才能培养出社会所需要的人。所以，大学教育的职能就是把学生培养成为具有主体精神与创造力的人。

（一）由以事为本转变为以人为本

当代大学生教学管理贯彻的以人为本的思想应以面向基层、教学活动与服务对象为原则。因此，任何一项教学管理政策、制度、措施的实施都要以此为前提，以促进教师教学活动的自主性与创造性、学生学习的主动性与积极性，进而便于培养学生的实践能力和创新精神，最大程度地发挥

人的创造性和主动性。所以，以"人"为中心应成为现代大学教育教学管理的重要观念。采取参与式、民主式的管理方式，切实保障教师参加教学管理工作、参与审议学校的重大管理措施的权利，从而为学校的教学管理提出意见和建议，有利于学校教育教学管理工作的顺利开展，保证教学质量。管理者与被管理者之间存在着双重关系，即工作关系与人际关系。前者强调责任，后者强调感情交流。在学校教学管理过程中，管理者应保持这两种关系的平衡，对被管理者既要考虑人际关系，互相关爱、增进感情；又要注重工作关系，坚持原则、恪尽职守。

（二）坚持"教师主导，学生主体"的教学原则

在"教师主导、学生主体"的教学原则中，以学生为主体强调的是在学习过程中，学生应当作为认识的主体，以学生的思维活动为主体、以学生的认知过程为主体。因此，教学活动的最终成效是以学生学到了什么而不是老师教了什么，以及对提高学生素质产生了什么影响为主。这一教育思想的重大转变，实质上也是以人为本的思想在教学管理过程中的重要体现，具体表现为：以学生为主体，还要求开发学生自主性、创造性学习的动力；教学的形式由组织传授灌输式教学转变为组织参与式教学；教学活动的评价标准由以教师传授、学生接受知识为主的效果评价转变为以培养创新精神与实践能力为主的效果评价；考核的目的由单纯检验学生对于知识的掌握情况转变为检验与培育学生的实践与思维能力、创新意识；大学生毕业的就业与创业教育应更多地体现在促进新的经济增长点、培养学生自主创业的开拓精神上。

五、当代高校教育教学管理模式的变革

当代高校教育教学管理模式的变革要求严宽并存，既要严格要求，明确规章制度，不因人而异，又要进行弹性管理，培养创造性人才。所以，

教师在教学管理中要处理好严谨与灵活的关系，为学生的个性发展提供充足的时间和空间，营造宽松良好的环境氛围以便于学生创造性思维的形成与发展。与工业经济时代"标准化"教育的"刚"性管理相比，当代教育是一种建立在鼓励创新型教育基础上的有较高理论水平的"柔"性管理。因此，现行的教学管理模式的变革，尤其要对"刚"性教学管理制度进行改革。在深化教学改革中，教师需要发挥很大的作用。因此，高校管理者必须鼓励教师积极参与教学管理改革。现行的管理制度在一定程度上阻碍了改革的推进，例如，现在各所大学主要以承担教学任务的工作量来计算、调整教师的工资与奖金。这种制度在教学管理改革中具有抑制作用。教学管理改革要求教师编写新教材、制订新方案，需要投入大量的时间精力，增加了教师的工作量，但这些在现在的教学工作量标准中却没有体现出来。这就导致教学管理改革的动力不足。因此，出台一些政策，保证或提高教师对教学改革的积极性，是现在教学管理要深入探讨并解决的问题。当前，各高等学府都开始实施增加选修课、主辅修制、第二学位、学分制等措施，使人才培养模式呈现多样化。但是，存在的矛盾是现有的学时不变，学生几乎没有时间精力选择学习自己感兴趣的课。学分制虽然为学生创造了多方面的学习条件，但是专业课的课程安排紧凑，致使学生几乎没有时间超前修课。现在，虽然国家淡化了专业种类，拓宽了专业口径，但是在具体实施过程中仍然有较强的"专业性"，学科交叉的目标还是可望而不可即。因此，改革现有的教学管理制度与方法是教学管理改革的突破口。

六、当代高校教育管理系统的变革

先进教学思想观念得以应用到人才培养模式中主要是因为大学教育管理部门的有效组织和协调。例如，大学教学管理部门的重要任务就是制订人才培养计划，其遵循的原则是符合培养创造性人才的要求、协调各方面的关系。这对深化教育教学改革有着举足轻重的作用。在改革教学内容的同时，高校也不能忽视教学方式的改革。从教学评价上说，传统的教育采取的是以传授知识为主的教育模式，这种教育模式是不可能培养学生创新精神的。因为培养实践能力和创新精神的教育需要运用讨论式和启发式的方法，让学生将动手与动脑结合起来，发掘其独立思考、自主学习、发现提出并解决问题的潜力。

因此，大学教育管理部门需要运用现代教育观念诊断教学，激发教师教改积极性，重新制定教师教学的评价标准。另外，大学教学改革的经费应主要用于创新教育。为提高学生创新意识水平和实践能力，高校应建设现代教育技术基地服务。传统人才培养模式的重点在于教师教导，而创造性人才培养模式的重点是学生学习。因此，高校教学管理既要做好教的管理，又要注重学习管理，加大对学生学习的管理力度，主要应关注学生学习的方法、态度、习惯、效果、学习风气等。在人才评价标准方面，传统人才培养模式总是把听话、懂事、学习好作为好学生的评价标准。标准单一机械，往往会压制学生的个性发展，扼杀了其创新精神。因此，高校教学管理应正确对待学生，鼓励学生的个性发展。因为为学生发展个性、培养兴趣爱好、开发潜能、培养创新精神和创造能力提供条件是大学教学管理的责任。因此，高校应建立有利于学生和教师创造性发挥的科学评价体系和评价方法。

七、高校学生管理体制的变革

（一）改革学生管理体制的意义

通过对比中外学生管理体制和研究我国高校学生管理体制可以发现，我国高校需要对现今的管理体制进行有效的改革，否则学生管理体制将会影响管理效果乃至人才培养的质量。

首先，改革学生管理体制是学校工作面向社会主义市场经济的需求。

社会主义市场经济的建立使社会向学校提出了培养适应社会主义市场经济发展的人才的要求。面对这一全新的要求，学校必须适度改革管理体制，否则很难完成时代赋予的使命。学生管理系统是学校管理的子系统，直接担负着培养人才的任务，因而学生管理体制的改革势在必行。随着社会主义市场经济的建立，学生的招生机制、指导就业机制及教育管理机制也出现了一些问题。这些已经提到议事日程上的现实问题是过去计划经济条件下所建立的学生管理体制难以解决的。

其次，改革学生管理体制是全面改进学校管理工作的需求。从理论和实践角度来讲，管理的有效性源于两个方面：一是管理系统内部和其子系统间的协调性；二是各个有关系统的决策、实施检测反馈过程的及时、准确程度。学生管理工作系统作为学校管理系统的一个子系统，除了自身必须有效运转以外，还应为教学系统、后勤系统及学校决策层提供可靠的反馈信息，以改进各项管理工作。因此，要改进学校管理工作，就需要改革学生管理体制。

最后，改革学生管理体制是学生管理现代化的需要。我国教育必须面向现代化。这既是指培养的人才必须适应现代化建设的要求，同时也指现在的教育手段、内容思想必须逐步现代化。这对学生管理体制也提出了现代化的要求。如果管理体制不符合现代化的要求，就很难培养出符合现代化要求的建设者和接班人。同样，教育思想、内容、手段的现代化也对学生管理体制提出了改革的要求。这些要求包括学生管理体制要充实完善教育思想和教育内容，学生管理体制要保证教育措施的实施，等等。

（二）改革学生管理体制的设想

改革学生管理体制的设想主要有以下三点。

① 整体上专门化。从针对学生工作的领导体制来讲，学校中要有专司学生工作的领导，以负责学生非学术性事务和课外活动而不再分管其

他工作。

② 系统内多中心。从学生工作系统内部组织结构来讲，现今大学与学生工作有关的管理职能要包括实现学生工作部和相关部门的有机重组。

③ 以条为主且直接管理。高校学生工作管理应由现在的校、系两级的条块相结合的机制转向以条为主、直接管理的机制。

第三节　高校教育教学管理的创新模式

一、高校新型教育教学管理模式

（一）高校新型教育教学管理模式的目标

高校新型教育教学管理模式的目标就是追求科学发展观，提高教学质量，促进大学生的全面发展。因此，判断一个教学管理模式是否符合高等教育的要求，关键是看它能否代表先进文化的发展前进方向、先进生产力及广大人民群众的根本利益，进一步来说，就是要看它追求的目标。高校新型教育教学管理模式追求的目标，从理论上讲，主要有以下六点。

① 为学生提供自主选择教师、专业课程的机会，增强学生学习的灵活性，提高他们的学习兴趣与学习质量。

② 对于教师教学水平的评估，从量化上来说，应根据学生自主选修的教师的听课人数对其进行客观评估，从本质上引入教学竞争机制，把教师的课时费与学生听课人数联系起来，以实现大学教学对教师队伍的优化，从而激发教师的教学积极性，优化大学的课程教学。

③ 实行有效的学分制管理。实行学分制管理可以给学生带来更多的选课自由和更大的自主学习的空间，以适应社会、新时代教育市场的需求与发展。

④ 建立良性教学竞争机制，树立良好的学风与教风。高校可以实施教师挂牌上岗的举措，从而推出学生心目中的明星教师、教授，激发学生的学习兴趣和教师的教学积极性与创造性，同时也为建成真正的名牌学校创造有利条件。

⑤ 在教学的管理上，在某些方面实行目标化管理，要用量化的指标考核，尽量避免人为因素的干预，实现公平、公正。但是大学教学活动不是都可以量化的，管理者还应注意采用适当的模糊化的管理与评估。

⑥ 应按学生与社会需求方式来确立教学方法，应以学生接受传授的知识是否高效，是否能较好地应用知识，创新型思路方向正确与否和社会人才的需求作为判定的标准。

（二）新型教育教学管理模式的管理政策

① 对于大学课程的设置与管理，大学应尽量做到基础课程不分班级，专业课程不分年级。这样可以保证学生拥有自由选择课程的条件与机会，赋予了学生自由选择教师与自由听课的权利，为实现真正的学分制奠定基础。

② 大学实施同课程的同步教学的管理办法，以利于学生对教师进行比较进而做出更好的选择，同时为教师发挥个性和教学创造力、面向市场需求进行知识的整合创新、提高传授技能等创造有利条件。

③ 大学教学管理部门进行以课室为目标的管理，实行教学现场管理的办法，通过量化统计，实现管理目标的数字化。

④ 对于考试制度，大学成立各司其职的考试命题委员会，考试时实行四分开制度。即在统一的考试中，由不同教师负责不同的职责，如任课、命题、监考、阅卷等，且彼此互不了解，以保证考试公平公正的一种考试管理制度。

⑤ 关于教师的量化考核与报酬分配。相关管理部门根据上述各课室学生听课总人数对教师实行记分制并对考核结果进行每学期的统计总结，从

而制订和实行课时费浮动制，并按阶梯形式奖罚结合，体现教师不同层次的教学水平，以促进教师适应市场经济规律发展的变化，改变教学方法，提高教学质量，转变教学理念，使教育教学竞争机制合理有效。

⑥ 实施教师循环竞争上岗制。即每学年对教师进行一次听课人数统计结果的客观评定，并成立教师招聘委员会，拿出排名在后的教师岗位指标，在学校或社会竞争招聘，以实现循环竞争上岗制，给学生更大的选择教师的空间，给教师更多的竞争上岗的机会，以学生为本，充分发挥教师特长。

⑦ 对教学内容的安排遵循分两步走的原则。这有利于提高学生对知识的掌握运用能力和创造力。例如，在四年制大学中，学生在头两年先学习基础课程，即入门；在第三年深入学习专业内容和先进技术，即提高；在第四年提高专业知识的运用能力，培养创造力。

⑧ 学校管理部门应从学生的学习能力和社会对人才的需求出发，调整教学内容和课时量，将教学计划变为指导性计划。例如，对逻辑思维含量少、适合学生自学的课程，应适当减少课时，留给学生充分的自由学习的时间与空间，体现现代大学生学习理念；而对于逻辑思维含量成分多的课程，应该增加课程时间，据市场变化而变。

⑨ 颁发毕业证书分档分步。分档是指将毕业证书根据学生学分由高到低分档。这既对学生公平，又便于社会挑选所需人才，也可以防止成绩差的毕业生走进社会影响学校声誉。分步是指在学生学习的最后一年的下半年，全校统一发放准毕业证书，以便让学生找工作，在工作中将理论与实践结合起来，实现真正的毕业实习，培养学生的适应能力和创造力。

⑩ 大学应注重对学术刊物的管理，要多办刊物、多出期刊，提高学生优秀论文在有关学术刊物或增刊上的发表率，并对学生取得的成果给予一定的奖励，为调动学生学习的主观能动性和发现优秀人才创造有利条件。

二、多校区高校教育教学管理模式

随着我国高等教育的普及，一校多区是当代高校发展的一种走向。多校区办学弥补了教育资源的不足，拓宽了教育发展的空间，同时增加了高校的竞争优势。但是，多校区也带来了管理上一系列的新问题。所以，研究探索多校区办学的教学管理模式是当前我国有关学术界与教育界一个非常重要的课题。多校区大学指的是有一个独立法人，却有多个在地理位置上不相连的校区的大学。多校区办学改善了办学条件，增加了高校的竞争优势，解决了一些问题。但在构建有效的多校区办学管理模式上，世界上却没有既定的统一模式可供套用。各大学只能根据自身实际情况，积极探索适合自身发展的新模式。

（一）国内外多校区高校教育教学管理模式

多校区教学是高等教育发展过程中的一个现象、一种趋势，在国外也很常见。

1. 国外高校多校区教育教学管理的主要模式

（1）事业部型的管理模式

这种管理模式有四层组织机构：总校、分校、学院和系。总校的董事会是最高权力机构，负责战略性和重要性的决策，分配全校范围的资源，任命总校长。总校长提名重要的官员，管理全校性的事务，对接董事会。分校长是各分校区的最高领导，处理分校事务，有极大的自主权。事业部型管理模式适用于较大的学校组织，具有联邦分权的特点，由总校实行重大的事件决策，各个分校的日常管理相对独立。这种管理模式既有利于保证战略决策的正确性，又有利于调动各校区的积极性。但是这种模式也有不足的地方。由于各个分校分权而立、自主核算，考虑事情从本校区出发，从而忽略了整体校区的利益，不利于校区间的协调和学科间的融合。

（2）一校多制型的管理模式

在这种管理模式中，董事会为最高决策机构。其下是议事会即智囊团，是由董事会推荐的多名教授和社会知名人士组成。校长为全校最高领导，下有 16 名校级行政官员，分管科研、财务、投资、教学、规划、法律、公共事务、学术方案、大学关系等事务。一校多制型的管理模式适用于投资模式多元化的学校。管理体制的不同为学校管理提供了便利，使其具有发展的活力。

德、美、法、日等国有许多著名大学都采用了多校区的教学管理。例如，日本的东京大学由三个校区组成，主校区设有大部分机构，是高年级本科教学、研究生教学和科研的主要基地。其中一个分校区以基础教学为主，呈现综合性的教学体系，统一的教学环境是基础教学高质量的保证。另外一个分校区是以应用型科研为主的校区，教授主要负责培养研究生和承担重大科研课题。三个校区合理定位、优劣互补。而美国的加州大学有 9 个校区，它们各自是独立的，不存在上下级的关系，每个校区的学科设置都有多学科性的特点。

从上述两所大学教学管理实践来看，多校区大学为社会提供了更好的科研、教学与公共服务。校区扩大增加了接受高等教育的学生数量，使其科研成绩也显著提高。多校区大学办学既满足了时代社会的需要，又促进了大学间的互相竞争，知识和学科的不断分化和综合，所以现在多校区办学迅速发展。当然，多校区办学也有一定的缺陷，各院校之间多多少少存在办学成本高、职能冲突等问题。

2. 国内多校区高校教育教学管理的基本模式

在我国，由于多校区大学主校区与分校区的教学管理职能不同，所以其管理权限也不同。由此来讲，当前我国多校区教育教学管理的基本模式可以分为三种。

（1）相对集中的模式

总部具有最高决定权，统一管理整个学校，分校区职权在总部之下，总部统一安排分校区的教学组织和管理事务。在这种模式下，学校的发展规划、学科建设、教育资源和教育管理统一由校级领导制定管理；学院作为二级管理机构，管理具体教学和科研的运作；各个分校在同一套管理机构进行教育教学管理。这种模式具有管理职责分明、管理的集中与分散互补的优势，进而使学校的学术水平显著提高，计划、政策得以有效实施，各校区间的研究和学术资源得以协调分配。但是由于地理区间较大，信息交通不畅，也存在管理困难、配合不协调和效率不高的问题。

（2）相对独立的模式

在总部的统一协调下，各校区是相互独立的，有各自的体系。每个校区都有自己的教学管理体系，总部只是给予大方向的指导。这种模式适用于学科种类多、不利于统一管理的高等学校。多校区的相对独立管理模式增强了高校的活力，促进了分校内各学科的交叉融合和教学科研的进一步发展。此种模式可以显著减少各级教学管理的时间和成本，缩短管理环节，加快决策速度。但是，此管理模式由于加大了各校区的教学管理自主权，难免会导致教学管理权力腐化分散，可能会影响整体学科交叉的统一规划和指挥。

（3）混合的模式

它是一种介于相对集中和相对独立之间的模式，它既便于大学的统一管理，又增强了各校区管理工作的活力和主动性。其优点在于有利于全校总体规划，加强了校区的协调管理。需要注意的是，在践行此模式的过程中，大学要做到权责明确，否则会由于权责不明确致使某些管理失控，影响管理、教学质量，甚至是学校的发展。

（二）多校区高校教育教学管理模式的不足之处

1. 专业建设不能协调发展

专业方向是学校的基础，专业是大学资源的载体。因此专业对大学教学管理极为重要。在单一校区的大学里，专业结构越稳定，教育教学管理的复杂程度越低，越便于管理与协调。而在多校区的大学里，其专业门类齐全，而且有一定的分散性，容易造成各个校区相同专业构成太分散、不融合，不利于教育教学管理。

2. 教学管理权力太过集中

权力的集中与分散在大学教育教学管理中存在着矛盾。我国的传统大学教育教学通常采用的是集权式管理。随着大学教育管理的发展，集权式管理的弊端日益暴露，各大学对分权式管理的需求越来越强烈。在多校区大学办学形势下，庞大的规模和集权式的管理更严重阻碍了高校的进一步发展。

3. 教育教学管理的成本增加

多校区大学往往由于校区间地理位置因素，给师生员工在校区之间的教学活动带来了很多不便，如交通不便、费时费力等。空间上的距离增加了校区间的联络成本，增加了学校的支出。

4. 教育教学管理的效率降低

效率降低主要表现在两个方面：第一，原本单一校区发展已有一定时间，管理模式相对稳定，增加新校区无形中就打破了原有的稳定，增加了教学管理的复杂度，使教学管理效率降低；第二，在校级管理机构上，分校级管理部门一般坐落在主校区，主校区与分校区空间距离较大，加大教学管理难度。

（三）多校区高校教育教学管理模式的原则

管理者在构建多校区高校教育教学管理模式时，既要考虑适合学校的运行机制，又要考虑实现管理的基本功能。具体来说，应遵从以下基本原则。

① 整体性。多校区大学要求管理者做到思想观念上的真正融合，实现教育资源配置、专业结构调整等方面的协调统一。这样才能提高整体办学效益并促进大学的整体发展。

② 多样性。在同一所大学里，各个校区都有自己的特点，形成了不同的校园文化。各校区应该在相对统一的前提下建设有自己风格特点的管理机制，使其灵活多样、充满活力。

③ 高效性。管理工作的效率对于高校教学管理模式的选择很重要。只有管理效率的提高才能带动办学效益的增长。

（四）多校区高校教育教学管理模式的构建

多校区高校教育教学管理模式的主要目的是合理有效地利用有限的教学资源，尽可能高质量、高效率地实现教学管理目标。

1. 实现信息化教育教学管理

多校区高校教育教学管理模式的运行内容涉及范围较为广泛，也存在一些弊端，如教学资源分散、教学的运行可变性大等。既要高效率实现教学管理目标，又要减少负面影响，高校就要注重信息的普及，建立好信息化管理系统。高校应利用计算机网络技术、现代化教学管理系统、图书查阅系统、会议视频系统等，使教学管理信息得到有效传递，实现办公自动化、会议视频化、教学远程化，打破传统教学管理的物理界限。

2. 促进学科融合，优化学科结构

学科的布局是教育教学管理的重点和难点。因为各个分校区有自己的发展特色，有不同的优势学科，且各校区学科发展水平有高有低，即便同一学科，其研究的方向重点也不相同。只有实现学科的合理布局，实现学科的协调发展，才能使学科相互融合。优化学科结构需要做到三点：① 教师思想的融合；② 学科间的互相尊重；③ 加强各学院的横向联系。

3. 坚持管理层次扁平化原则

多校区大学教学管理人员繁多，易出现推卸责任的现象。因此，教学管理要坚持管理层次扁平化原则，做到职责明确、实事求是、按岗设职、精简高效，建立责任追究制和目标责任制，使得各校区间互相配合，高效运转。

4. 提高教学管理人员的能力

教学管理人员素质的高低对多校区教学管理模式的运行有着重要影响。现今我国高校教育教学管理人员的文化素质参差不齐，所以必须根据不同的工作岗位需求，加强管理队伍建设，建设一支结构合理、素质较高、有职业道德的队伍。教育教学管理人员需要努力增长自身的学识并提高管理水平，勇于面对新的挑战，顺利实现高效能运转的管理。

第三章
高校教育管理与学生素质培养的
信息化建设研究

第一节　信息化及教育教学信息化的概念

一、信息化的含义

信息化这一概念最初起源于 20 世纪 60 年代的日本，最先是由日本学者梅棹忠夫提出来的。1963 年，梅棹忠夫在其《论信息产业》一书中提出，信息化是指通信现代化、计算机化和行为合理化的总称。之后，由于有关信息化的翻译流传到西方，这一概念才被广泛使用。我国学术界对于信息化的定义随着时代的进步而不断改变，目前，我国将信息化定义为：充分利用信息技术，开发利用信息资源，促进信息交流和知识共享，提高经济增长质量，推动经济社会发展转型的历史进程。

基于上面关于信息化在不同时代的两种理解，可以看出两种理解的相似之处就是都认为信息化是基于这一时代最先进的现代化技术，将促进各领域的进步和升级。本研究将信息化理解为一个运用信息技术推动产业发展的过程，是将信息技术应用于社会的各个产业和领域，包括教育、经济、农业等，目的是实现各领域技术的进步、质量的提升及效率的提高，打造适合时代进步的新型产业。

二、教育教学管理信息化的含义

所谓教育教学管理信息化，就是在现代教育管理思想的指导下，在教育教学管理中普遍运用现代信息技术，如计算机、网络通信及多媒体等，对各级各类教育事务进行管理，从而达到提高教学质量、提升教育治理水平的目的，促进教育管理现代化的进程。高校教育教学管理与素养培养信息化是管理信息化思想在高等教育领域的衍生，不仅是指各类信息技术与教育的融合应用，更是现代化的、科学化的管理思想在教育领域的深度渗透。

三、教育教学管理信息化的建设原则

（一）统一规划原则

进入新时期，教育管理者应从学校教育教学建设的全局出发，对教育教学管理信息化进行统一规划，同时还需要考虑教育教学管理建设模式、队伍建设、资金方面投入等诸多因素。教育教学管理信息化建设规划内容需要包括信息化基础设施的建设、信息资源的建设、教育教学管理信息系统的建设、网络安全保障、教育教学管理信息化人才等多方面的内容。

（二）分步实施原则

学校教育教学管理信息化建设中的每一个环节都是相互联系的，有必要在实际的建设过程中，有计划、有步骤地实施。教育教学管理信息化建设的规划应按照学校的现实需求及教学业务流程的特点，有步骤地制订出符合本校需求的教育教学管理信息化建设实施规划及细则。

（三）协调发展原则

高校教育教学管理与素养培养信息化建设目的就是通过信息化来带动本校的教育教学现代化的发展。在实际建设规划时，有必要全面考虑信息化建设与师生的整体信息素质的有机结合，并进行协调化发展，最终促进信息化建设为教学服务、为学生学习服务。

第二节　素质培养原则在信息化教学管理中的实现

一、加快观念更新和制度创新

（一）转变观念，树立人本管理理念

教育教学管理制度是教学思想、教学理论、教学观念的具体化，教学思想观念的转变是教育教学管理改革的先导，是教育教学管理制度更新的动力。高校教育教学管理与素养培养制度的改革和建设要体现以学生为本的原则，要以学生的需求为导向，以学生的发展为目标和根本。一切为了学生、为了学生的一切、为了一切的学生，确立学生的主体地位，充分尊重学生的选择，为学生提供越来越满意的高质量服务，把以往让学生、社会适应高校现有的管理制度转变成高校管理模式必须适应学生的意愿和社会的需要。

管理理念是学校发展的指南，是一个方向性、根本性的问题，它标志着高等学校发展进入了新的时期。管理理念是学校管理工作的基础和灵魂，是学校定位和管理思路的集中体现，它是一所学校中人员角色定位、管理

特色等追求的理想和价值。管理理念具有导向性，起纲举目张的作用。管理理念不是抽象的，不能脱离高校的现实来谈高校管理理念。管理理念应该与树立正确的教育观、质量观、人才观、服务方向结合起来。从 20 世纪八九十年代以来直至 21 世纪最近几年，我国高等教育的本质发生了根本性的变化，要求高校构建一种更加民主、自由、平等的管理模式，即树立以人本思想为核心的管理理念。

高校的人本理念包括以教师为本、以学生为本，就是办任何事情都要以教师和学生的利益为出发点，把人放在相应的主体位置，以尊重人、关心人、依靠人来推动高等教育发展的办学理念。因此，树立教育教学管理的主体性理念，以全面发展学生的主体性为目标，以师生教学主体性为教育中心，以师生共管主体性为手段，形成教、学、管三种权力制约机制。

（二）人性化教育教学管理制度的构建

教师和学生是教学的双重主体，要实现教育的目标，就要高度重视和认真研究学生的需要和选择。因为学生是学习的主体，只有尊重学习者的自主选择，尊重他们的个性化需求，尊重他们的自主学习，鼓励他们创新，才能培养出高素质的创新型、复合型人才。

教育教学管理改革的核心内容是制定出科学合理的符合本校实际的教育教学管理制度，为学生的个性发展和自主学习提供更多的空间。完善教育教学管理制度在于给教师、学生更多的选择权，以充分调动教师教学的积极性和主动性，较大程度上满足学生个性化发展的需要。建立科学人性化的教育教学管理制度，是为了给学生更大的空间和更多的选择权，但这并不意味着允许学生放任自流，而恰恰是为了保证人才素质培养的质量，教育教学管理部门和教育教学管理工作者必须在制度上、服务上、管理上做更多的努力。因此，学校要积极推进教育教学管理制度改革，建立自主学习制度,主要措施包括以下五个方面。

① 扩大学生专业选择性。以前许多学生在入学之后发现所学专业不适合自己,或者自己根本就不感兴趣,为此,各高校应努力创造条件逐步放宽转专业的条件和比例,给予学生选择专业的自由。目前一些高校实行大学一二年级不分专业、三年级再定专业,这就是一种比较可行的做法。在这方面,一些高校已实行的按文理大类或学科大类招生的做法不失为一种好的办法,可为学生自主学习提供更加自由的选择空间,使学生根据自己的兴趣、爱好、特长自主选择专业,以满足学生个性充分发展的需要。当前高中阶段分文理科的情况是存在局限性的。随着基础教育的改革,大学阶段专业的范围将会更广,选择上更自由。

② 加大学生自主选课力度。每一名学生的兴趣、爱好和将来毕业后的打算各异,即使对同一门课的兴趣也各不相同。因此,在保证学生掌握基本专业知识的前提下,应给学生更多自由选择的空间。高校应改革培养方案,控制必修课比例,提高选修课尤其是任意选修课和公共选修课的比例,扩大选修课的数量,允许学生跨院系、跨年级、跨专业选修。

③ 自由选择教师。教师实行挂牌选课、授课。由于教师在授课上存在很大的差异,即使是知识水平相当的教师在教学方式、教学方法和教学风格上亦各具特色,学生可以自由选择其所欣赏的教学风格教师的课程,给予学生选择教师的权利。

④ 加大选择学习方式的灵活性。允许学生根据自己的能力和实际条件选择不同的学习方式。对于学生所选修的课程可以通过自学或通过随堂听课等方式来完成本门课程的学习任务,没有必要硬性统一规定(时间、地点、媒体)的学习方式,只要通过学校组织的正当考试,学校和教师就应该承认学生的成绩和学分。对于这种做法,有人则持有异议,认为教学质量得不到保证,但只要我们建立科学的考试制度,维持严格的考试纪律,是可以保证教学质量的,这样有利于培养学生自我负责的精神和自主学习的能力。

⑤ 改革对教师的管理。在教育教学管理制度上除了给学生更多的选择权外，对教师的教学管理也要改革。没有教学创新的教师就不可能培养出有创新能力的学生，高校对教师教学程序及教学评价规定过于呆板，为了适应创新人才素质培养和人性化管理，教师需要更宽松的环境，这样才能使教师的教学个性得以施展、发挥。不能用一个标准来衡量所有教师的教学，教学评价应该从传授和接受知识的效果评价转向以培养创新精神和实践能力及学生综合素质的效果评价；从以学生为主的单一评价转向由学生、同行、教学管理干部等共同参与的多维评价；从必定评价转向期望评价；从静止性评价转向发展性评价。这种评价制度能使教师与学生有效沟通，教师和管理人员之间有效协调配合，这种评价结果让教师更容易接受，这种激励式、发展式的评价将成为教师积极投身教学研究的原动力。

让学生参与教育教学管理和制度建设，扩大学生的知情权和参与权。学生参与教育教学管理是教育教学管理改革不可忽视的一个方面，传统的教育教学管理中学生是教育教学管理制度约束的对象，学校规定什么样的制度学生就服从什么样的管理。那么，体现人性化管理就是给学生更多的自主权，这并不是否认教育教学管理制度的权威性，而是考虑到什么样的制度更合理一些。

让学生参与制度的制定和管理是尊重学生的主体性，把主动权交给学生，引导学生强化自我管理。同时还能促使学生积极关注教学改革，并能在师生之间和学生与管理者之间建立良好的沟通。教育教学管理是需要经常沟通和相互理解的，没有亲身参与便不能有切实的体会，处在成长期的青年学生可塑性很强，完全忽视他们自主意识的刚性管理容易使他们产生反感。同时来自学生的一些教育教学管理信息会更客观、更真实，让学生参与管理更体现出一种尊重、一种责任，也是教学制度改革的需要。

二、构建素质培养原则的管理模式

教育教学管理中，传统模式主要表现为管制、监控、指示和命令，在一定程度上束缚了学生个性和创造才能的发挥。而素质培养原则的现代管理理念则是尊重个体差异，顺应环境，充分调动教师、学生的自主性和创造性，逐步达到人性化管理的目的。

（一）树立教育管理服务至上的素质培养理念

高校教育教学管理与素养培养应当贯彻以人为本的素质培养思想与方法，以面向教学第一线、面向服务对象为原则。教育教学管理和素质培养的对象是教师和学生，教育教学管理和素质培养的目的是调动教师和学生的积极性、主动性和创造性。任何一项教育教学管理的政策、制度、措施的出台都应符合这一目的，更要体现差异化和人性化。教育教学管理的目的是利于形成生动、严谨、活泼而宽松的人才素质培养环境，有利于学生创造思维等方面的素养培育。在提倡教学主导、学生主体的今天，教育的最终成效不应仅以教师教了什么来衡量，还要以学生最终素质的提升来加以衡量，这是教育思想的重大转变，也是以人为本思想在教育教学管理和素质培养中的重要体现。因此，我们的教育教学管理服务部门，要按照创新教育的客观规律，主动适应新情况，在教育教学管理服务的观念和行为上要与当前教育教学改革相匹配。管理机构、服务机构应是精干、高效、求真、务实的，为教育教学进行宏观管理和提供优质化的人性化服务。

（二）建立教育教学管理个性化与多样化的模式

随着高等教育规模的快速扩张，我国的高等教育开始转向大众化教育，而高等教育大众化的前提是多样化。受教育者众多，其对高等教育的要求也必然呈现出多样化的需求。同时，根据因材施教的原则，高等教育个体素质培养模式也更趋于多样化。由于传统的教育教学管理使用计划模式的教学计划，采用群体管理、单一模式培养，学生被动地使用教学资源，这样的教育教学管理不利于因材施教、个性发展。现在高等教育教学改革不断深化，更加注重人才素质培养的多样化和个性化。可喜的是，我国多数高校打破了几十年来传统管理模式，教育教学管理理念由注重群体化、单一模式化管理向个体化、多样化管理模式转变。

新的教育教学管理模式就要求建立符合社会主义市场人才需求多样性、个体性、素质性要求的个体素质培养模式，为此，我们要在以下三个方面做出努力。

1. 完善课程管理

高校的课程体系和课程改革是实施创新教育的一个重要环节，传统教育往往只看到专业决定课程，而忽视课程决定专业的一面。从实质上说应是课程构成专业，专业的方向和专业面是由课程来体现的，课程直接影响专业的生存和学科的发展。

传统的学年制教学计划课程设置是严格按照学科专业分设的，各专业的课程体系是相对封闭的，学科之间很难交叉，致使学生的知识结构比较单一、思维较为狭隘。在创新教育的理念下，课程设置应当体现综合化、多元化。联合国教科文组织高等教育与社会特别工作组的报告《发展中国家的高等教育：危机与出路》指出，通识教育适合发展中国家，高质量的通识教育为进一步学习和专业化提供了坚实的基础，从而加强了专业训练，也为不同专业的人们提供了一个相互交流的共同知识渠道。每个国家要设计适合自己国家高等教育系统的结构和价值观的通识教育课程。

新的课程要体现出把现代科学、技术、文化成果完整、及时地反映到课程体系中，并坚持将人文教育融入科学教育中，把科学教育融入人文艺术教育中去。课程综合化并不是简单相加，而是要通过综合引出新的跨学科课程。这就要求我们的教学计划要调整和扩充选修课，使选修课在数量和质量上都适应创新教育的要求。

2. 积极推进学籍管理制度改革，实行学分制和弹性学制管理制度

积极推进创新学籍制度改革是教育教学管理模式改革的支撑，它为人才的多样化培养提供了制度上的保证。学年学分制个体素质培养模式的主要特点是为学生提供了一体化的培养方案、课程计划、学习要求等，很难实现多样化人才素质培养目标。而人性化管理就是多给学生一些学习的自由，因此，必须建立相应的学籍管理制度，学籍管理应体现学生自主学习的内容。比如，允许学生根据自己的兴趣、爱好、特长转换专业的制度；允许学生选择学习方式而制定的考试成绩合格的免听免考制度；允许自由选择学习进程和学习年限而确立的灵活休学、退学制度；允许学生中途停学一段时间去创业或工作，把创业或工作也看成一种教育，待学生感到需要继续学习时或条件允许时再回学校继续接受教育。修满规定的学分，完成学业，可以提前毕业或推迟毕业，学年在3～6年为宜，修满教学计划规定的学分，均可毕业。此外，根据学生的学习需求，实行双学位制或多学位制，鼓励学生学习相关的专业或不同的专业，加大辅修专业、第二专业的培养力度，从而扩大学生的知识面，满足人才素质培养多样化的需求。

针对学生在学业上的暂时失败，学校要采取宽容的态度，在学籍管理上体现为放宽重修规定和退学规定，在考试违纪上取消与学位挂钩，不轻易开除学生学籍。允许大学生学业上的暂时失败，不能将学生一棍子打死。因此，在学籍管理制度建设中应该允许学生学习上的失败，不然，学生就会按部就班地被动学，不敢于去尝试失败，进而也就没有勇气去探索、创新。

3. 建立学科评价制度

科学有效的本科教育质量监控、考核评价体系，成为教育教学管理模式的重要有机组成部分，是保证多样化人才素质培养质量的关键。

首先，应当建立发展性教师教学评价制度。传统的教学评价制度是以知识传授为衡量标准的教学评价观，只关注教师课堂传授知识的多少和深浅，以此作为衡量教师有效教学的基本尺度，忽视了教师的个性发展。发展性教师评价是以促进教师个人发展和改进为根本目标，而创新教育则是要求着重评价教师在指导学生独立思考，启发学生的创造性思维，培养学生创新能力，提升学生综合素质和人文素质方面的成效。发展性教师评价还要明确教师个人的发展目标，在进修、考研、科研等方面创造机会，以此来提高教师的思想修养、专业素质和教学水平。

新的教师评价观是要尊重教师的教学权，鼓励教师在教学实践中创新。教师的评价体系主要包括教书育人、教学态度、教学内容的新颖性、教学方法的独特性、对学生创造性思维的启迪、培养学生学习能力等方面的评价。教学评价能把教学引向格式化，教师评价体系不宜过细，主要评价的方法是将学生评教和学校教学督导组评价相结合。督导组评价不宜用统一规范的格式，而在于发掘每个教师的教学特长和潜力，指出其不足之处，为教师的发展提出参考性意见。学生评教主要是从教书育人、教学态度、教学内容、教学方法、教学效果等几个方面来评价，这种教学评价应是民主商讨型，结论是分析型的。它主要不在于监控教师教学活动，而是促进教师教学成长，让教师在充满责任和使命感的教学活动中发挥积极性和创造性，使学生受到启迪，激发学生学习兴趣。

其次，应当建立创新性学生学习成绩考核评价机制。目前对学生的学习评价最大的弊端是重视终结性的评价，忽略诊断性评价和过程性评价。评价方法比较单一，一般都是期末考试定终身。从深层次的评价观念来看，我们的教育很多时候只允许学生成功，不允许学生失败，缺乏灵活性、弹性和个性化。美国高校在这方面的一些做法是值得我们借鉴的。美国高校允许学生有一定限度的失败，有机会进行尝试学习，即使某一门课程学得不好，或不感兴趣，也允许学生有改选的机会。学习前进行诊断性的评价，师生双方可以准确把握各自学习、教学的深浅度与进度，明确哪些知识欠缺、哪些知识已经掌握、哪些知识应作为学习或教学的重点。过程性评价则是对学生学习过程的监控，是教师对教学过程的调节，这样终结性评价的压力就减少。

对学生学习的评价应采取发展特长的多维评价制度，要多角度、全方位地评价一个学生的发展状况。这个评价体系指标反映在评价内容上应该是多维度的，我们不应该以学生单方面的发展作为评价的依据，而应考察学生的全面发展。我们也不能要求所有学生都在同一发展水平上，所以教学评价制度也应是多元化的。

4. 正确处理严格与灵活的关系

在教育教学管理当中，实施素质培养原则与严格管理并不矛盾，人性化管理就是需要多一些管理的弹性，改变现有的教育教学管理制度，使之既严格又不"一刀切"；既规范又有一定的柔性与弹性；既明确体现对学生的基本要求，又能为学生的个性发展创造条件。但是，弹性管理并不等于不要管理，从根本上说弹性管理是一种更高层次的人性化管理，它对管理者的知识、能力、素质要求更高了。同时，高校人性化管理不能走极端，实行人性化管理不等于放任自流，尊重学生权利也不能成为拒绝任何约束和规范的挡箭牌。因此，我们要正确处理好严格与灵活的辩证关系，改革精英教育体制下形成的教育教学管理思路、模式与方法，逐步形成一套为培养个性化、创新人才服务的教育教学管理制度与方法。

（三）完善教育教学管理科学化过程

管理是为了实现预定的目标，即提高教学质量，培养科学、高素质、个性化的复合型人才。管理必须以教育为主线、以教师为主导、以学生为主体，有效调动双方积极性、创造性，从而实现管理现代化、制度化、民主化，最终达到科学化。

1. 教学计划的管理

教学计划是学校保证教学质量和人才素质培养规格的重要文件，是组织教学过程、安排教学任务、确定教学编制的基本依据。教学计划是在中华人民共和国教育部的宏观指导下，由各校组织专家自主制定的，它既要符合教学规律，保持一定的稳定性，又要不断根据社会、经济和科学技术的新发展，适时地进行调整和修订。

教学计划管理要现代化、科学化。确立专业培养目标是制订教学计划的前提条件，管理者要根据所确立的目标，进行广泛社会调查，并结合本校的实际，由教务处提出制订本校教学计划的实施意见和要求；由院（系）主持制定教学计划方案，经教务处组织专家讨论评议后，由主管校长签发执行。教学计划的制订要体现对学生德、智、体、美、劳各方面的全面要求，注重知识、能力、素质协调发展和共同提高的原则，根据经济时代人才素质培养的要求，体现最新的科学知识和科技成果，把素质教育、创新教育的理念和以学生为主体、教师为主导的思想体现在各个教学环节中。要整合基础课程和学科基础课程，构建高校学科基础平台，在本科培养后期实行宽口径的专业教育。在人才素质培养上，一是变单一的专业教学计划为由专业教学计划、人文素质教育计划和研究性实践及创新能力培养计划三部分组成的人才素质培养方案；二是按照拓宽基础，淡化专业意识，加强素质教育和创新能力培养的思路设计人才素质培养方案，改变长期以来注重专业需要和偏重知识传授的做法，综合考虑调整学生的知识、能力、素质结构。既要突出创新能力的培养和学生个性发展，同时还要体现出不同层次、不同学校的培养特色。教学计划一旦制定就要保持其相对稳定性，不得随意更改，如在执行过程中需要调整的，应严格按照审批程序执行。

2. 教学运行管理

在教育教学管理中，教学运行管理是按教学计划实施教学活动的最核心、最重要的管理。教学运行管理，包含许多环节，如课程教学大纲管理、课堂教学环节的组织管理、实践性教学环节的组织管理、日常管理、学籍管理、教学资源管理、教学档案管理等，每个环节都与培养目标紧密相连，体现出与时代、经济同步发展精神。在教学运行上，要改变个体素质培养模式，突破过窄的专业教育观念，转变单一传授知识和对学生统一培养的模式，要提倡因材施教，建立起多元化培养模式。

课堂教育教学管理是教学运行管理的关键环节。课堂是生命相遇、心灵相约的场域，是质疑的场所，是通过对话探索真理的地方。课堂教学是教学过程的主渠道，在课堂教学上要打破以往僵化的课堂教育教学管理制度，大学生正处在青春期，求知好奇、多动多问阶段，但在教育教学管理制度上却没给学生提供这样的空间。在课堂教学过程中，人性化理念要求课堂形成一种师生之间、生生之间合作的气氛，把课堂还给学生，让学生参与课堂教学的全过程，要求教师以平等的对话和讨论方式来进行教学。课堂教学是建立在平等、民主、快乐、相互尊重的基础之上，课堂教学不是一个封闭系统，课堂师生展开互教互学，通过"设疑、讨论、交流"等形式，让学生学会学习、学会思考、学会解决问题，使学生的主观能动性得到充分的发挥。课堂教学是教学工作的中心环节，是决定教学质量的关键。课堂上所采用的教学方法和手段应是培养学生发现问题、分析问题和解决问题的能力，给学生提出的问题具有一定的启发性和研究性，给学生课外留有一定的思考余地，这样才能发挥学生的主体性，与我们的教学培养目标相符合。此外，还要积极利用计算机辅助教学、多媒体教学、网络课程等现代教育技术，扩大课堂信息量，为学生学习提供更多的空间，提高教学效果。

3. 教学质量管理与评价

教育教学管理的最终的目的是保证和提高教学质量。要通过不断改善影响教学质量的内部因素（如教师、学生、条件、管理等）和外部因素（如方针、政策、体制等），通过科学评价，分析教学质量，建立通畅的信息反馈网络，从而营造并维护良好的育人环境，达到最佳教学效果。在管理中要提高教学质量意识，树立正确全面的质量观，把握好全过程的质量管理。例如，招生过程质量管理主要是把好新生质量关，搞好招生宣传、招生录取、入学新生全面复审等工作；计划实施过程的质量管理主要是教学计划的制订和分步实施；教学过程的质量管理主要是把好教学过程各个环节的质量关；教学辅助过程的质量管理主要是提供充足的、最新的图书资料，提高计算机辅助教学、电化教育、仪器设备、体育场馆、多功能教室的水平和教育教学管理人员的服务质量，实行科学化考试管理等。

考试环节的管理是教学质量管理的重要环节，是检验教师的教与学生的学双重效果的重要手段。考试管理要现代化，试题按培养目标的要求和大纲要求，做到教考分离，实行一般、重点、过关三级考试制度。考试的形式多样化，除采取闭卷外，还可以根据课程的性质采取口试、开卷、提交论文等形式，注重平时成绩的比例，重视过程评价以减少终结性评价的压力。

在把握好质量过程管理之外，还要进行教学质量检查，了解教学情况，加强教学信息的反馈，利用科学的评价体系，通过对信息的采集、整理、统计、分析，对教学质量给予客观公正的评价。

此外，还有教学基本建设管理、教育教学管理组织系统、教育教学管理、教育研究等方面的管理，这都要求我们的管理者用现代管理的理念，以开拓进取的精神，最终达到科学化管理。

4. 教育教学管理网络化、信息化

教育教学管理信息化、网络化是时代发展的要求，是保证教育教学管理高效运行的必然选择，它给传统的教育教学管理带来了新的革命。高校教育教学管理部门承担了大量繁重的教育教学管理工作，尤其是弹性学制的实施和办学规模的扩大，高校的教育教学管理工作日趋繁杂、多样、综合化，靠人工完成相同的行政管理工作已日显困难，而且效率很低，远不能适应高校发展的需要。因此，应充分利用现代化教育教学管理手段（如计算机、校园网络等）进行教育教学管理，通过利用计算机开发或引进教务系统管理软件，将教育教学管理的全过程纳入计算机管理，如教学计划管理、学籍管理、成绩管理、教师管理、教材管理、教室管理、考务管理等工作。这样就可以实现学生网上选课、排课，教师网上录入成绩及一些大型的等级考试网上报名，对教学活动中各个环节的信息及时地进行统计、分析处理和贮存，提高管理效率和水平，真正实现了教育教学管理现代化、规范化和科学化。

5. 建立一支高素质的专业化管理队伍

教育教学管理是靠人来组织完成的，人的因素是教育教学管理改革的第一因素，前面所谈到的教育教学管理存在的问题归根到底还是人的素质问题。因此，教育教学管理改革首先要提升人的素质。

现代化的教育教学管理离不开现代化的管理人才，它所完成的任务不仅是简单的行政管理事务，还是具有较高的技术水平和较强的创造性的专业管理，正如前面所谈到的教育教学管理模式的改革、教学计划的管理与修订、教育教学管理制度的改革、课堂教学的改革、考试方法与课程结构体系内容的改革等。在世界一些国家的高校教育教学管理中，学术管理职能是由教授学术委员会来行使，教务管理部门主要是行使行政管理职能，而在我国高校教育教学管理部门担负着行政管理和学术管理的双重职能。因此，在我国只有建立一支高素质的学术管理队伍，不断强化学术管理职能，才能推进教育教学管理现代化。

提高对教育教学管理人员重要性的认识，是搞好教育教学管理工作的前提。学校领导应该像重视教师队伍建设那样重视教育教学管理队伍建设，管理是科学，教育教学管理兼有教育与研究的属性，教育教学管理人员不仅要懂得管理的一般规律，还要懂得教育理论和教育规律，有一定的学科专业知识。管理出效益，任何一所高校的教学工作如果没有好的组织与管理，无论师资队伍和教学条件有多么优越，也很难保证高质量的教学。

针对目前教育教学管理队伍存在的问题及原因进行分析，加强和改善教育教学管理队伍建设，首先要从对教育教学管理人员的教育、培养、稳定入手。学校领导要重视对教育教学管理人员的培训和管理素质的提高，要定期组织培训，参加国家、省里组织的教育管理干部培训班学习，同时要有计划地选拔一批有培养前途的教育教学管理人员进行系统教育理论学习，经常举行教育教学管理中一些热点问题和教改的研讨会，到一些兄弟院校参观学习等，提高教育教学管理干部的科学文化素质，掌握教育教学管理基本规律，提高分析问题和解决问题的能力，使教育教学管理队伍的管理水平整体得到提高。

此外，还要提高教育教学管理队伍待遇，学校要从实际考虑教育教学管理人员的待遇和前途，并用相应的政策予以保障。例如，在专业技术职称评定方面，对多年从事教育教学管理工作并对教育教学管理有研究的，另取得一定的研究成果和在具体实践中做出成绩的人，应给予一定政策倾斜。同时，还要建立激励机制竞争上岗，促使管理干部不断学习新知识并保持积极工作的热情。通过评估、奖惩等手段来充分激发教育教学管理人员的积极性和创造性。

第三节　高校教育教学管理与素质培养的信息化建设体系设计

一、高校教学管理信息化功能需求分析

（一）高校教育教学管理与素质培养信息系统结构的需求

高校校园在建设教育教学管理信息系统时不能只根据现在的使用需求建设，还应该根据校园信息系统未来的使用需求建设，应建设一个适用范围广、使用功能全、便于学生掌握、内部网络安全等适用于高校内部的信息管理系统。

高校在建设教育教学管理信息系统时要根据学校教务系统设计独特的网络系统结构，设计一个整体。整体中应包含多个侧重不同的管理模块，如对学生学籍的管理、对教师信息的管理、对系统的管理等。不同的教职员工在进入高校教育教学管理信息系统时应选择相对应的功能模块，同时赋予相应权限。

（二）高校教育教学管理与素质培养信息化各功能模块需求

高校教育教学管理与素质培养信息系统每个模块都有不同的需求，教育教学管理模块是整个管理系统中最重要的部分，与其他管理模块关联性较强。教育教学管理系统管理着整个学校教学系统的运行，系统内部各部门之间的联系较为紧密，要求工作人员必须掌握基础的数据、规范，掌握操作方式，严格按照流程进行操作。教育教学管理信息系统能够根据教室资源、师资配置、学生分班等信息智能安排学生的课程，合理分配和利用教学资源。

高校内部的教育教学管理信息系统模块设计应考虑人性化需求，遵循以学生为本、为师生服务的理念，使高校能够更加科学规范地对教学进程的各阶段展开有效管理。

1. 维护管理系统模块

维护系统负责对系统权限、代码、口令的维护，及时更新系统数据，对系统进行备份，设置系统等日常管理系统的工作。

2. 管理学生信息的模块

管理学生的模块负责管理学生的注册信息、交费信息、数据信息、档案信息、学生证明信息、学籍信息等基本信息。

3. 管理教师信息的模块

管理教师的模块包括管理教师的密码信息、教师个人信息、课程信息、薪资信息、综合信息等教师的基本信息。

4. 管理教学计划模块

管理教师教学计划的模块指管理教师的课程信息、专业教学计划信息、计划实施情况、学校日历信息、统计信息等教学计划信息。教学计划管理中最重要的部分是教师专业教学计划的信息，教学计划是智能排课的核心。

5. 智能安排课程模块

智能安排课程模块是指系统根据教学的教室场地、设备台套数、教师的师资力量、班级的人数等信息智能安排课程。其中应包括选课信息、排课信息、上课地点安排信息、上课时间安排信息、教师信息、课程具体信息等。

6. 管理考试模块

管理考试模块指系统根据考试课程、考试人数、考试场地、考试方式等智能安排学生考试与监考。考试模块主要管理学生的考试信息，根据教师的人数、考试场地的空闲信息、学生的时间，智能安排学生的考试，并记录学生的考试情况。

7. 管理选课模块

管理选课模块主要负责学生选修课程的安排，在特定的时间段向学生开放，供学生选择相关的课程，管理选课模块同时应为学生提供随时查询和智能打印等服务。

8. 管理成绩模块

成绩管理模块主要负责学生成绩的记录、学生成绩的管理、学生的考试信息等，随时供学生查询成绩。

9. 管理学生实践模块

管理学生实践模块主要负责管理学生实践的安排、实践的计划、学生实践的表现、学生的实践成绩等学生的实践信息。

10. 评教模块

评教模块主要负责学生对教师的评价，模块中应包含教师的个人信息、教师的授课信息、专家互评板块、学生对教师的评价反馈、各层级的评教排名等信息。

11. 管理毕业生模块

毕业生管理模块主要负责毕业生毕业资格审查，应包括毕业生的毕业资格审查数据设置、毕业生的学业资格审查、毕业生的档案等信息。

12. 自主发展模块

自主发展模块，学生可申请自主发展计划学分，各学院教务管理人员对学生自主发展计划学分进行审核、评定和统计。

二、高校教育教学管理与素质培养信息化建设体系框架

（一）高校教育教学管理与素质培养信息化软件平台建设

高校教育教学管理与素质培养信息化建设软件平台的主要服务对象是教师和学生，是以提高教育教学管理可行性为目的信息化系统。高校教育

教学管理与素质培养信息化在系统的选取过程中，应该充分考虑系统的可操作性，系统应更多倾向于服务性和简洁性，为教师和学生提供更加舒适的使用体验。体系架构以其突出的服务性能在众多的系统中脱颖而出，被应用为本系统的基础系统。

体系架构系统可以作为软件的载体，具有很好的整合作用，它可以承载很多相同目的硬件平台，通过平台间的相互协作最终实现教育教学管理信息化的目的。系统本身并不是与硬件平台融合，而是以媒介的方式加强硬件平台之间的交互，是独立于平台存在的，这也是体系架构系统架构松耦性的具体表现。为增加高校教育教学管理与素质培养信息化建设软件的简便性，须将各硬件平台接口整合为统一的服务接口，这样可以提高资源的利用率，也可以最大程度实现管理。

体系架构系统具有很强的优势。首先，从理念方面分析，系统将 Java 作为编写程序语言，运用 Java 技术，以 J2EE 作为平台的基础规范，并将 J2EE 和.NET 作为基础的网络平台。其次，从技术方面分析，将客户端技术与浏览器技术融入系统之中，并引入先进的技术设计理念，如中间件、组件技术和模块化设计等。

（二）高校教育教学管理与素质培养信息化数据流程体系构建

由于高校不具备开发高校教育教学管理与素质培养信息系统的能力，所以由高校出资寻找具有开发能力的软件开发商，开发商应该以高校的要求作为系统开发的目标，追求最高的技术性与经济性。以下是对开发原则的具体阐述。

1. 服务良好，实用性强

实用性是评价系统的重要标准，而实用性不仅表现在系统的操作难易方面，还应该包括系统能够解决实际当中的哪些管理问题。操作性是良好系统的基础，也是系统实用性的重要评估方面；除此之外，系统对教育教学管理过程中的问题应该具备很高的针对性，并且具有良好的解决方式。目前高校以 Web 作为统一的网络基础，对于一些较为基础的教学信息可以通过互联网查询。开发的系统也应具备以上功能，使得师生可以快速通过系统网络来查询教学信息，系统管理用户也可以更加快速便捷地完成教学任务安排、学生分层分类、教学归类等相关管理实务的操作。

2. 系统的安全性

系统集中了高校校内的许多重要信息，所以必须保证系统的安全性。当系统受到外界侵入时，应该具备较强的抵御能力，以防止重要信息泄露或者系统内部信息被篡改。为提高系统的安全性能，应该采用身份验证与权限管理两方面结合的方式。系统应该对使用者在系统中的行为进行记录，识别恶意侵犯行为，还应该对内部数据进行实时备份，减少系统内部数据丢失带来的影响。

3. 兼容性和可扩展性

随着使用者对系统的要求日益增多，系统所具备的功能也应该更加多样化，丰富的系统功能是通过系统更新实现的，但是系统更新过程中新增数据会对原始数据有一定影响，系统应该在保护原有数据基础之上再引入新功能，从而保证系统的安全性和稳定性。系统中所包含的数据种类繁多，对于数据的格式应该采用统一的标准，从而方便系统管理内部数据。

4. 维护便捷和操作简单

系统所面对的使用群体十分庞大，当遇到操作高峰期时，系统的浏览量非常大，所以在设计系统时，应该考虑系统的负载能力，以确保系统在使用高峰期能够正常使用，而不出现延迟、崩溃的状况。系统的使用群体对计算机知识了解程度也不尽相同，所以在设计系统的过程中，为了让大多数人能够正确地使用系统，应尽量保证系统的简洁性，应多以鼠标操作完成，减少界面中的输入操作。系统内部的各个操作界面应该基本保持一致，对于较为复杂的操作应该给出相应的操作说明。

综合以上设计原则，高校教育教学管理与素质培养信息化的实现需要一个具有全面功能的系统和数据流程体系加以支持，之所以要促进高校教育教学管理与素养培养信息化，是为了优化使用群体的体验，以更加方便的方式获得所需要的准确信息。

三、基于 WBS 分解的高校教育教学管理与素质培养信息化建设体系构成

高校管理信息化的实现需要一个过程，要想加快其实现的速度，需要充实的理论基础，最为重要的是要遵循相应的政策及制度，本书所涉及的高校教育教学管理与素质培养信息化采用自上而下的工作分解理论，根据高校管理信息化建设的特点，对其采用由上而下的方法，将该项目所涉及的所有机关部门及人员都考虑在内，其中最为重要的问题是对人员进行分类，这是项目实行的重中之重。

在分解过程中应该结合学校原有机构的特点，不能盲目分解学校的职能部门，在分解及整合项目时，必须先了解分解部门、明确部门设置原因，同时结合其功能，再决定是否进行分解。

各职能部门的存在都具有重要意义，同时各个部门之间的工作目的相同，通过长时间的工作，各职能部门都会积累属于自身的经验。所以，在分解过程中不能以偏概全，对分解对象应该充分考虑其价值，不能全部否定，而是要充分考虑该部门所积累的工作经验，对建设具有积极意义的意见应予以采纳，将工作分解理论与高校各职能部门的工作经验相结合，这样会更有利于高校教育教学管理与素质培养信息化的进行。

（一）高校教育教学管理与素质培养信息化建设功能模块

高校管理信息化系统应该具有多样化功能，而错综复杂的系统功能可能会影响到系统的正常运行，所以将系统功能按照功能不同分为不同的功

能模块，可以促进系统功能的正常运行。具体分为以下几种模块：系统维护模块、人员管理模块、教学模块、教务模块、自主发展模块等。这些模块包含系统维护功能、学生管理功能、师资管理功能等系统功能。

以下是对系统功能的具体阐述。

第一，系统维护功能。系统管理员具有最高权限，可以根据教育教学管理人员分工的不同来分别赋予他们不同模块的操作权限。

第二，学生管理功能。该功能所针对的对象是学生的基本信息和今后学生的学生学籍异动信息，将学生的基本信息以数据的形式存储在独立的数据库之中，以便于查询和应用。

第三，师资管理功能。师资管理功能所涉及的方面较为复杂，除了教师的基本信息，教师每学期上课工作量随着教学任务需求量的变化而变化，我们需要在该模块中设置各类工作量系数，系统就会根据实际教师上课学时乘以相对应的系数从而得出教师的工作量，为考核业绩和核算各学院工作量提供标准，同时能为教师薪酬的界定提供依据。

第四，教学计划管理功能。相较于传统的排课方式，高校教育教学管理与素质培养信息化以后排课会更加方便。传统的排课方式是由教务管理人员统一排课，当确定正确无误以后，由教务管理相应人员打印，并分发给相应的任课教师，这种方式相对较慢。教育教学管理系统可以综合本身的数据，为排课提供数据支持，系统还可以自动识别安排课程过程中的错误，如课程重复、上课时间冲突等常见的错误。系统完成排课后，教师可以通过网络了解自己的课程和全部课程，在需要时也可以了解其他教师的任教课程，以满足特殊情况下教师的调课需求，教育教学管理系统还可以根据教师上课需求合理地选取任课教材、安排教学场地。

第五，考试管理功能。考试安排有系统通过自身掌握的数据信息，合理地安排考试地点及监考教师，学生、教师可以通过网络了解自己所涉及的考试信息。

第六，选课管理功能。选课管理应当参照排课结果和教学规模，结合学生的选课结果，综合对课程的地点及时间进行安排。对于教学过程中需要参加的诸如计算机等级考试等各种级别考试，学生可以根据自身情况进行报名。

第七，成绩管理功能。学习成绩也可以作为学生的基础信息，在考试结束后，系统要将学生的成绩进行录入，方便对学生进行评估，分析成绩分布。而成绩的录入，是由人工完成的，主要是由教师进行录入。

第八，教学质量评价功能。这项功能所面向的群体主要是学生，在一学期教学即将结束前，学生应该结合自己的上课体验，对教师的教学效果进行评价，这些评价会反映给教师本人和相关部门，以促进教师教学方法的改进、教学内容的完善和教学质量的提高。

第九，毕业生管理。在临近毕业时，系统可以将学生课程修读、学分取得等情况通过设置的资格审查数据与专业培养方案进行比对，判断是否能够毕业，并统计出未取得学分的课程和相关信息，从而加快对毕业生的审核进程。

第十，自主发展模块。学生可申请自主发展计划学分，各学院教务管理人员对学生自主发展计划学分加以审核、评定和统计，毕业时审查是否达到自主计划学分要求。

（二）高校教育教学管理与素质培养信息化建设组织模块

组织模块的划分和设置是对项目管理功能的进一步优化，可使项目管理的功能得到进一步发挥，信息化建设管理效率得到进一步提高。项目实施是一个复杂的过程，对于项目的管理至关重要，为强化对项目的管理，使得项目能够达到预期结果，设立组织模块是十分有必要的，但是如何合理地设立组织模块又是一个重要问题。建立科学、合理且简洁高效的组织体系和机构可以为项目的成功奠定坚实的基础，为项目成功提供保证。

　　本书所涉及的高校教育教学管理与素质培养信息建设项目中的组织规划与传统的规划方式不同，传统的规划方式是由部门职能及在项目中起到的作用决定的，本书所涉及的项目是将组织规划为三个范围，形成纵向的组织形式，包括业务流程分析、系统构建顾问、数据库开发顾问三个方面。其中，系统构建顾问及数据库顾问两个方面具有较高的独立性，不受相应的职能部门的管理，应由教务处负责人对其直接进行管理。随着组织机构的规划转变，相应的职能部门也应具有相应的变化，对部门的管理事务及所具有的权力、责任进行合理调整，对内部的规范制度也应该不断完善，形成新型的管理系统，最大程度上促进管理工作的实施。

　　根据上述的矩阵式组织规划，三方面组织作为项目实施的第三层，其中业务流程分析由学校的各职能部门组成，主要负责项目执行过程的监控与实施，对于项目执行过程中的信息变化进行及时分析总结，并实时监控项目阶段任务的完成程度。

　　系统构建顾问则由网络管理人员组成，网络管理人员既可以是学校原有的管理人员，也可以是为完成项目而新招的网络工作人员。这些人员所组成的集体并不受职能部门的管理，而是单独的一个整体，这样有利于保证系统构建的效率。数据库开发顾问的主要职能就是录入数据，高校在实行管理的过程中会生成许多数据，而这些数据的录入工作就是数据库开发人员的工作，为提高数据的准确性，可将参与人员分成具有不同职能的小组。

　　在高校教育教学管理与素质培养信息化建设具体过程中，应该由高校教学副校长担任项目的总指挥，由教务处长担任项目经理，网络中心和各学院配合实施。由于高校教育教学管理与素质培养信息化建设是一个对计算机技术要求较高的项目，需要学校的网络中心作为信息总体架构搭建的技术支持，对于需要实现的功能，由教务处长负责，各学院分别提议。在不同的实施阶段，各学院应对相应的功能进行测试，教务处长统筹规划进行完善。功能需求提出、系统架构搭建、程序开发等各个阶段的任务均需要进行反复测试和修正，整个过程的业务部分由网络中心、各学院职能小组人员具体实施，教务处长总体负责，教学副校长实施决策，建立纵向职能分明、横向充分沟通的矩阵式组织架构。

第四节　高校教育教学管理与素质培养的信息化建设实施方案

一、基于项目管理的高校教育教学管理与素质培养信息化建设的实施规划

（一）高校教育教学管理与素质培养信息化建设实施内容

项目实施过程主要包括以下三个方面。

1. 业务流程分析

业务流程分析是项目进行的一条主线，其要求是对项目整体有宏观的了解，并以高校教育教学管理与素质培养信息化建设需求为根据设立项目所应达到的目标及需求调查报告。从全局出发设定各个阶段的任务目标，并实时了解项目进度信息，针对项目实施过程中出现的问题和未完成部分提出相应合理的要求。为确保项目顺利完成，业务流程分析还应该包括对参与项目人员进行程序功能和教育教学管理方面的培训。

2. 建立信息化系统

建立信息化系统首先需要对现阶段高校教育教学管理与素质培养模式进行全面了解，将高校教育教学管理与素质培养信息化建设的需求作为最终目标，综合两方面提出项目的实行方向和发展脉络，综合考虑系统所应该具备的主要功能和各项功能模块所应实现的业务功能，最终达到项目的

需求。在确定项目实行方案之前可以根据高校的具体情况确定是否沿用原有的管理系统，并以原有管理系统为载体进行优化，最终达到项目要求。倘若不沿用原有的管理系统，可以开发全新的管理系统。当确定开发方向以后应该形成相应的实体方案和设计任务书；形成项目建设中的行为规范，以此对项目进行规范；确定业务的运行环境，与项目未来的实行环境相结合，形成真正适合高校实施的教育教学管理信息系统。

3. 运行维护

在系统完成设计以后，对系统进行试运行，经过一段时间的检验，分析系统运行状况，记录并生成运行报告，待确定没有问题以后，再交给校方验收。在系统被校方使用以后，系统所涉及的使用群体对系统进行正常的教育教学管理操作，以检验系统的运行情况，就使用过程中所暴露出的问题进行及时反馈，以便于及时维护。

（二）高校教育教学管理与素质培养信息化建设实施步骤

教育教学管理信息系统从设计到投入使用是一个较为长期的过程，在实施项目期间必须保证各个阶段有序进行，所以，建立切实可行的实施计划变得至关重要。在项目开始之前，教育教学管理信息系统项目的参与双方必须拟定并签署合同，合同中应对各方所该承担的责任和所具备的权利做出明确规定。然后将项目分为不同的阶段，并规定各个时期的任务内容，保证任务的顺利完成。以下是高校教育教学管理与素质培养信息系统实施各阶段的主要工作。

1. 确定详细的建设范围

管理项目范围是一个整体概念，它会根据对象的不同而调整其包含的具体内容。管理项目范围所包含的内容也较为复杂，为使建立的范围更加清晰，将其分为产品范围和项目范围两方面。产品范围即教育教学管理系统所包含的具体内容，产品范围管理可以将系统的人力需求最小化，规范系统的使用，可以使系统各项功能得到充分的实现和应用。项目是指项目本身，项目范围顾名思义是针对整个工程项目，它对项目的实施具有较强的监管能力，从而提高各个阶段项目实施的质量。具体范围的确定包括三个步骤。① 搜集需求。搜集项目最终要满足的需求，作为项目规划的基本依据，可以通过与教育教学管理人员和师生之间的相互交流，也可以通过开会研讨、调查问卷的形式确定项目的最终目标。② 定义范围。明确区分项目的不同阶段，并对各个阶段所应该完成的任务给予严格的规定。创建WBS，将项目所包含的工作按照自上而下的方法进行分解。③ 确定范围。对教育教学管理信息系统进行验收，也是成果交付的过程。项目最终的审查一般由高校校方进行，并由校方签字以确定验收。

2. 递交的工作成果

所谓工作成果即项目完成后产生的最终结果，包括项目实施过程中的业务流程、实施过程中的实施信息、各阶段的工作成果、项目开发的相关文档及教育教学管理信息系统。待学校验收以后，还应该包含项目的技术支持、相关的维护协议等数据和资料。

3. 时间进度控制

在项目开始之前项目的参与方就应该确定相应的时间期限。根据项目不同阶段的难易、经济支持等多方面原因设立相对合理的时间计划，可以提高项目的完成效率和经济效益。在制订出合理的时间进度计划以后，可以参照回执里程碑表等资料，按照项目管理计划和进度计划，尽可能在预期的时间范围之内完成相应的工作，如果遇到特殊情况，实施计划有所偏离，应该针对问题及时采取应对措施，以减少损失。

4. 制订人力资源计划

人力是项目实施的基本单位，而项目所涉及的人员种类也很多，包括开发公司的技术人员、工程师和管理人员，同时还包括学校的领导、教务处各科室职员和各个院系的教务管理人员。既然包括高校校方的重要人员，就要考虑工作与时间的冲突，高校校方人员应该将工作时间和参与项目时间协调好，从而为项目实施提供人力支持。项目的参与人员应该相互协作，并且分为三个层次，由高到低负责下一层的管理工作，其中下一层的管理人员应该是上一层的工作人员，这样可以加快信息的上传下达传递速度。

在实施过程中，高校校方需要按照项目管理的步骤进行，首先确定高校教育教学管理与素质培养信息化建设的范围，在范围界定的基础上，制定高校教育教学管理与素质培养信息化建设的进度、质量、成本三大目标和计划，并通过人才素质培养、风险管控、采购管理等措施保障高校教育教学管理与素质培养信息化建设的顺利进行。

二、基于项目管理的高校教育教学管理与素质培养信息化建设的控制

（一）高校教育教学管理与素质培养信息化建设控制要点

项目管理的核心之一是项目控制，包括项目的风险、质量等一系列控制要点和措施。当应用项目管理理论来建设高校教学信息化平台时，在进行高校教育教学管理与素质培养信息化平台实施规划的基础上，还需要对实施内容进行全过程动态控制，一方面检验实施规划的及时性，另一方面避免风险要素的发生。对高校教育教学管理与素质培养信息化建设项目应该从以下几方面进行控制，以保证项目的正常实施和如期完工。

1. 变更控制

项目在实施的过程中多数会出现计划之外的问题，从而影响项目的实施效果，当出现这些问题时应快速提出解决方案，这就是所谓的变更。如教务管理系统输出数据重复，或为尽量减少变更对系统的质量影响，在不同阶段的项目实施之前，应尽量考虑到影响项目实施的潜在因素，并及时寻找规避这些问题的方法。但如果出现项目变更，就要遵循三个原则：第

一，应该寻找影响最小的解决方式，充分考虑变更后还会出现的问题，防止出现二次变更；第二，在项目进行变更之前必须通知校方，并且必须与校方进行协调、商议之后才能执行；第三，当确定变更以后，应当及时、快速地公布变更信息。

2. 信息系统项目人员职责分配

系统中所包含的人员可以分为三种：第一种是承办公司内部人员，包括项目开发的技术人员、项目的管理人员，以及项目实施的工程师；第二种是高校校方的人员，包括高校校方相应的负责人员、教务处各科室的负责人员、各院系教务管理人员和教师；第三种是聘请的监管人员。不同种类的参与人员应该明确自身承担的责任，这样才能保证项目的有序进行。项目的参与人员应该将工作时间与项目时间协调好，从而为项目的实施提供足够的人员支持。

3. 评估实施的主要风险

项目的评估需要专业的人员，包括开发公司相应的软件工作人员、高校校方具有较高软件技术水平的人员、学校各层级的教务管理人员、师生代表等。可以将系统的使用情况、应用范围结合具体功能对系统可能存在的风险进行客观评估，并采取有效的相应措施应对可能出现的各种风险。信息系统的最大风险一般来自网络，因此，高校在教育教学管理信息化建设方面需要充分考虑到系统的稳定性及受到黑客攻击时的抵抗能力。在安全风险评估的基础上，制定合理的信息系统网络安全应急处理措施，一旦信息系统受到网络攻击，需要立刻停止系统运行，避免数据和信息丢失。此外，开启备用系统，防止由于系统停用而导致的教学受到影响。

4. 数据准备

系统在投入使用后会集中很多数据，一部分数据可采用原始基础数据，如教师、学生基本信息、课程基本信息等，为投入使用后大量录入数据奠定基础。另一部分数据应通过填表的方式进行采集，如课程建设信息、新制定的培养方案等信息数据。但是这些数据并不能直接应用于系统之中，而应对这些数据进行分析，了解高校校方所需要输入的数据类型，采用统一的排序标准和列表方式录入数据库。由于数据作用的特殊性，所以应该尽最大可能保证数据的准确性、完整性和时效性，数据分类是数据准备过程中所采用的重要方式。

5. 项目培训

项目的最终成果将会在高校中加以运用，因此，凡是参与项目的人都必须参与培训，将学校学分制学籍管理规定、学分预警等相应的规章制度与规定、管理模式和系统运行操作作为培训的主要内容，这样，开发人员将技术与学校需求完美结合，可使教务管理人员和师生更好地了解系统运行和操作方式。

6. 质量管理

质量是对项目结果的一种评定。质量管理包含诸多方面，不仅表现为满足用户需求，还表现为项目整体的功能。质量管理贯穿项目的全过程，这是为了更好地完成项目，使得项目的成果能够被采用。质量管理应该监督教育教学管理信息系统建设项目每个阶段的完成情况，可以在每个阶段的产出中提出相应的质量问题，如数据显示较慢、录入数据更新延迟等问题，从而为项目的开发人员提供变更的合理依据，以完善教育教学管理信息系统，另外还可以保证系统的后续开发。整个教育教学管理信息系统项目完成后，若质量达到相应的管理标准，质量检验也随之完成。

（二）高校教育教学管理与素质培养信息化建设控制措施

1. 建立报告和决策机制

项目在实施过程中会遇到各种各样计划之外的问题，例如，教学任务中任课教师会因特殊情况出现调换的情况，不对系统做出相应设计将会影响学生对任课教师的教学评价，出现评价教师和上课教师不一致的情况。

当遇到问题时应该及时向上级反映，并且及时找到解决方法。并不是只有当遇到问题时，才会向上级反映，而是在每一个阶段结束以后都要向上级汇报，通过汇报总结本阶段的工作完成情况、形成的工作经验、出现的工作错误、对下一步工作的设想等。另外，为保证项目的质量，应该将某一方面作为重点进行深入调查，并形成相应的报告。在工作的关键时刻遇见的关键问题，工作人员应该具有决策能力，而这种决策能力并不是盲目地进行决策，而是与实际工作相结合，进行深入分析，从而做出具有说服力的决策，这样能够促进项目的进程。

2. 系统测试管理

在检验项目质量时不能盲目进行，而应当由浅入深逐层检验。第一步是对基本单元功能模块的检验，测试功能块是否能够正常工作，如录入数据、查询信息等。第二步是将各个功能块结合起来，对功能块之间的组合功能进行测试。如变动学生的学籍信息，相应的教学课程信息是否随之变动。第三步是对整个功能区的检验，测试所有功能块是否都能正常工作。第四步是将项目成果在整个应用范围之内进行测试。这需要进行大量的数据测试。第五步是统一整理测试结果，与测试人员进行多次交流，了解测试结果是否具有准确性。

3. 项目培训策略

当系统设计完成以后，系统应用也是一个亟待解决的问题，系统的最终操作者是学校的教务部门和全校师生。所以，很有必要对系统的操作者进行使用前培训，这样能够加快管理系统在学校范围内的传播速度。由于系统所具备的功能较多，而且系统的使用者对系统的需求也不同，在培训的过程中应该按照培训对象不同确定培训内容，培训是一个循环的过程，应该通过不断培训来促进对教务管理信息系统的使用。

在项目实施初期，应该针对学校的领导层和管理层进行管理方面的培训，包括绩效管理、组织变动、管理制度变革等。在项目实施中期，应该将学校中参与项目的人员作为重要培训对象，具体包括业务流程描述工具、解决方案描述、测试系统性能及各项功能等内容。在项目实施末期，应该将各级教务管理人员作为重要的培养对象，其中包括系统操作技术、各模块功能、教育教学管理功能实现的操作流程、教育教学管理等内容。

第五节　高校教育教学管理与素质培养的信息化建设的保障措施

一、组织制度保障

高校教育教学管理与素质培养信息化建设要制定组织保障制度，这样才能发挥组织的保护作用和管理作用，同时在人才利用和人员开发上占据主导地位。在这种组织保障制度中最主要的就是领导的关注程度，此外，项目也需要优秀的领导做出正确的决断，才能保证项目顺利完成。在高校教育教学管理与素质培养系统中，获得校领导重视，就能在人力、物力、财力、技术等方面获得更大的便利，能保证项目的顺利进行。由校教务领导出任高校组织的项目经理，在项目的决策、人事安排、沟通协作等方面都起到决定性作用。因此，科学的项目结构也能保证项目的顺利进行。各部门积极参与，各组成员共同合作，组成一个团结协作的团队，才能更好地开展项目。

二、资源制度保障

（一）信息共享

高校教育教学管理与素质培养信息化需要创建共享平台，用于进行信息的沟通与交流，只有各个部门之间改变观念，才能更好地共享信息资源，根据科学合理的方法归纳整理各部门的信息资源，建立高校信息化管理数据共享平台。

这些都需要有科学合理的规划，只有这样，才能构建出和谐、有效、快速、便捷的信息共享平台，避免出现各部门在实际运行中各自为政、信息重复、遗漏等情况。在统一的信息平台上工作，各个部门在沟通和信息上都要同步，避免各部门之间产生利益冲突。科学的管理模式能加强学校各部门的交流，使其能通过沟通协助完成各部门的工作，在工作上能够齐心协力。共享信息也包括将高校内的信息向校外开放，为用人单位、学生家长、教学点、提供了解学校教学情况的平台。同时，结合各个方面的信息，形成新的信息数据库，方便广大用户使用，提高高校校内和校外的管理工作效率。

（二）人力资源共享

在人力资源方面，要求校领导、管理者、技术工作者都要具备现代化管理意识和管理理念，同时高度重视现代化管理。学校信息化管理是将信息技术和管理相结合，这对工作者的信息技术有一定的要求，同时需要工作团队具备较高的专业素质。

信息化系统的开发和维护需要由专业信息技术人才完成，要依赖这些专业人才保证管理系统的通畅运行。教学信息化管理体系能够彻底改革传统的管理方式，要改变传统的管理模式，不仅要从管理技术上改革，更重要的是转变管理者的管理观念。

管理者要积极参与教育教学管理信息化培训活动，校领导也要掌握学校管理信息化平台的使用方式。换言之，管理团队熟练掌握管理系统的操作方式，才能保证让信息管理平台稳定、持续地运行下去。另外，在管理工作中，各领域的人员不仅要熟知自己的工作职责，还要对整个信息化系统有一定的宏观认识，才能将各种有用信息聚集起来，以便在工作中更好地运用，唯有如此才能充分发挥人力资源管理的功能与作用，避免人才浪费。

三、技术制度保障

（一）建立信息化管理的标准规范

目前，高校信息化管理存在管理不平衡、信息共享程度低、行为准则不足等问题，需要为信息化管理平台制定一个统一的标准，再由网络信息管理人员负责平台的管理工作。由这个教育教学管理平台来综合管理不同的用户，对学校定向管理。通过这个教育教学管理平台能同时管理登录该平台的所有用户，让他们经过一次登录就能在网络平台实现全网通用。

高校各部门提供的信息，如学生情况、教师信息、教学计划、学生成绩等全部都会输入信息化教育教学管理平台，而网络管理人员将在后台对上述信息进行整理。同时，有些特别的业务要有相应的管理方案，以便于有关部门工作顺利进行。

由于高校财务改革，建立财务管理系统成为重要的调整手段。当前因网络技术发展迅速，网络课程越来越多，相应的课程点播系统也应及时推出，这些系统能在教育教学管理平台上任意组合。还有网络数据安全问题，要随时备份网络数据，以免数据准确性出现偏差。还要对网络服务器制定相应的安全准则，以此保证教育教学管理平台能随时运行。

（二）构建完善的教育教学管理信息技术平台

由于各部门的管理工作都要依靠信息化教育教学管理平台，因此信息技术的创新能够将教育教学管理技术和管理方法推向新的高度，并且为教育教学管理系统提供技术支持。在高校信息化管理系统中，数据的传输速度、质量安全、准确性都是平台设计的关键因素。网络平台的建设要能够及时处理各种信息，同时要符合教育管理的要求，才能设计出让用户满意的信息化教育教学管理平台。为了让不同的网络用户能随时通过高校管理信息平台获取所需的相应信息，各部门信息数据应及时更新、检查，保证用户得到的信息是最准确、最快捷的。此外，还应合理规划信息处理方式及信息权限，改善工作中对信息流通产生不良影响的环节，提高高校教育教学管理与素质培养的工作效率。

四、建立科学合理的评价体系

虽然建立了信息化高校管理平台，但无法否认传统管理方式对其产生的积极影响，应该用客观的态度看待这种影响在信息化管理平台中的积极作用。我们在承认信息化管理平台能大大提升高校管理工作的同时，应对教学信息管理系统有长期的规划。虽然这种先进、动态的信息工程是标准的信息化管理体系，能为所有高校的教师、学生、工作者提供高质量的服务，但是在面对更为复杂的教学要求，在能力上还有所欠缺。因此，信息化教育教学管理平台的管理人员应该正视这个问题，积极采纳各网民的意见和建议，完善该项目的运作流程，在建立信息化教育教学管理平台过程中，出现问题要及时分析并予以解决，以求达到最好的工作效果。这样才能最大程度发挥评价体系的作用。

五、探索行之有效的激励机制

教育教学管理工作是高校教育的重点，管理者的管理理念应具有一定的开拓创新精神，只有高素质、高潜力的管理人员，才能让管理工作有所提高。提高管理者的自主工作意识是保障教育教学管理工作信息化项目顺利进行的重要因素。由于该项目针对的是高校学生，人口基数大，需要项目管理者们共同努力才能达到最好的工作效果。教育教学管理系统要依靠这些管理者，特别是辅导员、班主任，充分将高校、学生、教师联系起来，以便及时获取信息，尽早发现问题、解决问题。班主任在教育教学管理工作中直接接触学生，因此，打造优秀的班主任班子将显得尤为重要。但在当前的教育教学管理项目中，大部分的班主任都是代理班主任，除了要完成高校校内班主任的工作外还身兼其他工作。班主任工作任务繁重，如何平衡好工作中心，是校领导应该重视的问题。总之，要想促使各位班主任积极努力地工作，就必须创建一套科学的激励机制，具体如下：第一，定期召开会议，总结班主任的各项工作，让班主任有充足的时间交流经验，及时反思自己工作中的不足并不断改进；第二，定期评选优秀班主任和优秀管理者，通过教学平台等宣传手段广播他们的优秀事迹，为其他管理者树立榜样，以便更加顺利地开展管理工作。

第四章
新生代大学生的教育管理策略

第一节　更新大学生教育管理理念

　　随着当今国际形势的不断变化和改革开放的不断深入，高等院校学生教育管理工作既面临有利条件，也面临严峻挑战。面对新情况和新问题，需要高等院校管理者重新思考高等院校自身所处的社会环境变迁，正确认识全球化、网络化、数字化、信息化给学生管理工作带来的冲击，积极探索新环境、新情况下学生管理工作的新思路、新理念，为大学生的学习、生活提供最大可能的指导和帮助，使他们能够健康成长、成才。

　　教育管理理念是高等院校育人工作的核心因素，是学校育人工作的灵魂，对其他因素具有显著的整体制约性和指导性。在对大学生心理健康影响因素的研究中发现，大学生心理健康因素受到学校教育的影响。从当前大学生心理健康状况及对其影响因素的综合分析来看，要促进大学生心理健康水平提升，高等院校的大学生教育管理理念必须进行革新。从整个高等教育领域发展来看，我国高等院校正在从扩张办学规模向提升人才培养质量的道路迈进，正在经历由只专注学生知识技能的培养向更加重视学生心理潜能的开发转变，要完成这样的变化，也必须从教育管理理念的革新开始。

一、新时期高等院校学生管理工作面临的新情况

（一）全球化意识和社会主义市场经济对高等院校教育管理工作的影响

全球化意识就是指在世界范围内起作用的正在形成过程中的世界整体意识和全球文明。全球化意识的弥漫和渗透趋势在不断加强。全球化借助网络技术成为一种现实的运动，并在广度、深度、强度、速度等方面都达到了前所未有的程度。实际上，每一个人，不但是某一个国家的公民，而且也是地球村的一个村民，即世界公民。地球上任何地方发生的事件和危机，都可以迅速传遍每一个角落。

随着社会主义市场经济的深入发展和不断完善，我国社会经济成分、组织形式、就业方式、利益关系和分配方式日益多样化，大学生思想活动独立性、选择性、差异性日益增强，这些也使学生管理体制面临新考验。

（二）信息与网络时代对高等院校教育管理工作的冲击

卫星通信、数字化、多媒体、计算机网络等技术的发展，对高等院校产生了巨大的影响，校园的网络化、信息化、智能化、个性化特色，真正突破了传统的教室和校园围墙的界限，使知识的创新、传播、转化和应用变得空前便捷。网络已经促成一所所没有围墙的大学的诞生。信息化、数字化、个性化的社会环境为学生提供了广阔的生活空间，他们获取知识和信息的渠道比以前的人多得多，获取信息、传递信息的手段比以前更先进，速度也更快。外部世界的多样化，再加上学生缺乏辨别是非、认清善恶的能力，最终导致学生对传统文化认同度降低。这对高等院校的学生管理思想、管理体制和管理方法造成了巨大的冲击。

二、新时期高等院校学生管理工作的新思路

（一）树立以学生发展为本的教育价值观

教育价值观既体现为学校教育的价值取向和追求，也体现为人们评判学校教育价值有无、高低和大小的重要指标。高等院校的教育价值观表达了高等院校教育活动的最高价值追求，它决定着高等院校育人工作的核心价值行为，当前高等院校育人工作存在的许多问题的核心就是其教育价值观问题，其中也包括大学生心理健康问题。面对大学生心理发展和素质提升的现实需求，高等院校必须树立以学生发展为本的教育价值观，以促进大学生教育管理工作。在这里，以学生发展为本的教育价值观应包含三种含义。

1. 学生的人的价值是高等教育价值的中心

理论上人的价值具有个人和社会两个不同属性，在现实中如果人的价值是由他所创造的社会价值所决定的，那么他全面自由发展的水平决定着他创造活动的水平，进而决定着他所创造的社会价值。从这一视角出发，大学生的自我价值同其创造的社会价值应该是统一的，这也就是大学生个体作为目的和作为手段的统一。因此，片面强调大学生个体的价值就是对他人、对社会的贡献，忽视其个人发展的需要甚至否认个人的价值主体地位的教育价值观，就是没有领悟到人的自我价值与社会价值的辩证关系，必然导致高等教育中学生的主体地位被抹杀，使得高等教育成为"无人"的教育，更别说大学生培育了。在当前高等教育领域，许多高等院校仅是把以人为本的理念停留在口头上，还没有真正深入头脑，成为行动。面对各种指标和短期效益，这一理念往往被抛到脑后，这也是导致大学生心理问题的根源。因此，无论从哪个方面来说，高等院校教育活动的价值必须以学生的个体发展为中心，也就是以学生的人的价值为中心，这是高等院

校培育大学生的前提和基础，脱离了这个中心，高等教育活动的社会价值及经济价值、文化价值等也不可能实现。

2. 高等院校教育价值的提升来自学生价值的提升

人通过接受教育获得生活技能和智慧，精神世界得到进一步丰富和发展，从而使生活更加有意义。教育对人发展的决定性作用表明教育活动就是为人的发展和创造活动开展和设计的，教育中的所有因素的价值都是在提升人的价值过程中得以显现的。可以说，满足大学生身心发展的需要是高等院校教育价值的主要体现。在现实中，文化传承、服务社会、科技创新固然体现着高等教育的价值，但是对教育价值的整体考量、学生价值的提升才是彰显教育价值的根本，因为人的价值是创造其他价值的基础。所以，如果没有学生的全面发展，没有学生素质的提升，教师发表再多的论文、产出再多的科技成果，都体现不出教育的根本价值，而是本末倒置的价值考量，是违背教育伦理原则的价值取向。

3. 促进个体和谐发展是高等院校提升学生人的价值的根本前提

高等教育的基本功能就是提升人的价值，即提升大学生个体的人格价值和社会价值。在高等教育提升人的价值的过程中，只有首先使其个人潜能和素质得到充分发展才有可能实现其价值的更大提升，从这个意义上说，促进大学生个人的全面发展是提高其个人价值的根本前提。从教育学意义上理解，大学生的全面发展是指其基本素质的全面发展。正如德国心理学家爱德华·斯普朗格所说，一个真正受了教育的人，不单体会到学识，还能了解经济利益的意义，欣赏美的事物，又肯为社会服务，进而对生存的意义也能彻底体会。这正是新时期对大学生全面和谐发展的基本要求，也是大学生心理素质发展和提升的内在需求。可见，大学生只有具有了完整人格才能发挥更大的影响力，只有个体的社会价值得到充分展现，大学生才能更加自信、乐观，才能具有发展动力和更强的意志力。

（二）树立正确的高等教育伦理实践效益观

高等教育存在的价值合理性就在于能够依据人的成长发展需要和社会发展客观规律，开展有目的的、自觉的和能动的教育活动，实现其承载的促进人的全面自由发展和为社会发展培育高素质创新人才的功能。高等院校教育只有在两者之间找到一个相互协调的平衡点，才能很好地完成这两项基本功能，这是高等院校教育伦理实践效益的基本标准和要求，也是保障高等院校有效开展大学生管理培育工作的前提条件。

1. 高等教育伦理实践应体现出个体层面的价值功能

高等教育伦理作为一种道德行为规范，起着调节教育活动中教育主体之间关系的作用，它规定着教育主体应该做什么和怎么做，引导教育主体行为以"善"为价值取向，推进受教育主体的全面发展。高等教育伦理作为一种特定领域教育活动的内在善恶规范，对于受教育者应当如何发展、成长为什么样的人，在实施教育行为之前，已经预设好了路径和结果，并据此结果和路径组织教育实践，使受教育者在教育实践的影响下形成具有鲜明自我特征的个性品质，并按照预期路径实现个人的自由全面发展，最终成为人性得到全面诠释的真正的人。高等教育伦理作为高等教育主体把握教育实践活动内在本质的特殊方式，还反映着主体行为的价值意识，引导着主体对现实高等教育实践活动的价值选择，对主体的人格完善和发展具有促进作用。

2. 高等教育伦理实践应体现出社会层面的价值功能

高等教育伦理作为社会伦理系统的一个组成部分，在对象和内容上包含社会的各个层面，主要是通过受教育的人对社会产生间接导向作用。高等教育的基本功能是培养高素质创新人才，通过培养人才为社会生产服务、为经济发展服务、为政治活动服务、为文化传承服务，实现高等教育的经济价值、政治价值和文化价值，即社会价值。因此，高等教育伦理的社会价值也要最终通过其培养的人去实现，并体现为一种社会功能。高等教育伦理作为调节教育主体教育活动的道德规范和价值精神，其实现自身社会功能的基本路径就是通过优化教育路径发展和提高受教育者的整体素质与能力，进而促进社会现代文明的发展。从一定意义上讲，高等教育伦理这一社会功能具有一种特殊的人力资本价值，不但对社会的政治、经济和文化发展发挥着积极作用，而且对个体的自我效能、希望等品质的发展也起着特殊的作用。

高等教育伦理的个体功能和社会功能是不可分割的两个方面，高等教育伦理实践的理想效益就是通过高等院校教育活动使其具有的个体功能和社会功能达到统一，促进两个功能的和谐发展。

（三）凝练全方位育人的学校育人观

高等院校教育过程中包含着很多影响大学生心理问题的因素，如师生互动过程中的人际支持、成就动机的激发、教师个人魅力和教育管理主体素质的影响，以及学校制度文化和环境文化熏陶，这些因素都会对学生心理活动过程产生潜在影响。因此，树立全方位育人管理思想对大学生培育管理具有积极作用。目前，多数高等院校的管理者都认识到了全方位育人的重要作用，但是在如何实现全方位育人、如何通过系统的全方位育人方案提升大学生心理健康和整体素质水平方面还没有成形的思路或做法。对此，高等院校有必要进一步凝练和明确全方位育人的育人观，使学校管理架构中的每一个方面都充分发挥自身优势，形成合力，进而促进大学生整体素质的有效提升。

1. 全方位要体现在一个立体的、系统的整体上

高等院校教育过程中包含的影响大学生心理健康的外在因素是多方面的，既有教育者的主体作用，也包含着环境因素。教育主体内涵非常丰富，从广义上讲，教育主体不仅包括教师、后勤人员、管理人员，也包括大学

生自身和家长，但是从直接发挥作用的主体看，主要体现在辅导员、教师、学生群体和家长方面。环境因素是影响大学生心理发展的重要外部因素，主要包括非物质环境和物质环境。在这里，环境的创造离不开教育主体的作用，不同的教育主体发挥着不同的积极作用，大学生的外在影响因素充满了复杂性、联动性和特殊性，这就构成了与大学生个体内在因素相互作用的一个外在的立体的整体系统，在这个动态的整体系统中，每个影响因素在不同时期、不同事件中的作用又不同，它们之间互相促进或者互相抑制。因此，全方位育人就要充分发挥各要素的整体性、联动性和积极性，发挥影响因素的立体作用，不能将各要素割裂开来单独审视，期望其独立发挥作用。

2. 全方位还体现在教育主体影响作用的多面性、复杂性上

在高等院校育人过程中，影响大学生心理问题的因素来自方方面面，呈立体型。就每一个因素来讲，它的作用又体现在多个方面，这些作用有可能是互相促进的，也有可能是互相抑制的，并且每一个作用的影响力大小也不尽相同。例如，教师既可以通过良好的师生关系为学生日常生活提供积极的人际支持，进而对学生人格发展产生积极影响；也可以充分发挥自己的才华，在教学活动中充分展示自己的人格魅力感染和影响学生；还可以精心设计教学过程和教学内容，通过教学过程的实施和教学内容的展现影响学生，等等。通过调查发现，在每个教育主体的作用中，人际支持作用对心理问题影响作用最重要，主要包括家长的人际支持、教师的人际支持、同学的人际支持等。因此，全方位育人不仅要体现在育人主体的丰富性、系统性上，还要体现在每一个育人主体作用的多面性、复杂性上，全方位育人要切实考虑到每一个教育主体的育人优势，充分发挥优势作用。

3. 全方位还体现着校园文化作用的立体化

从高等院校育人过程的宏观角度来看，校园文化作用是全方位育人工作的一个方面，它与各个教育主体互相联动。但是就校园文化自身来看，

它又是一个由各种因素构成的立体网络结构，既包含意识形态的内容，也包含物质的一面，如校园制度文化、学术氛围、社团文化、校园环境等。这些结构相互作用、相互影响，构成了一个整体，在育人过程中发挥着重要作用。在意识形态方面，有的通过各项制度体现、有的通过行为活动体现、还有的通过校园历史的积淀体现；在有形的物质方面，有的通过校园环境体现、有的通过教学设施体现，等等。无论是物质的还是意识形态的，都通过其特有的方式对大学生的心理活动、思想意识发挥着作用，其作用的大小也会因学生群体自身特点的不同而不同、因作用方式和强度大小的不同而不同。因此，高等院校校园文化建设既要考虑不同影响因素的作用方式、作用效果，又要考虑不同大学生群体的自身因素。

（四）创新高等院校生涯教育观

生涯规划能力是大学生应该具备的基本能力，是大学生开展生涯规划的基础，是大学生实现其全面发展的前提条件。高等院校生涯管理就是为帮助大学生做好生涯规划，培养大学生生涯规划能力而针对个体开展的一系列影响活动，通过一系列的制度、措施引导和帮助大学生规划生涯，提升其生涯规划能力，使之能够有效规划大学生涯，自觉开发潜能，为以后的生涯发展奠定能力基础。我国高等院校开展大学生生涯教育起步较晚，多数高等院校的生涯教育偏重于职业指导和职业规划，没有形成中国本土化的高等院校生涯管理理念，我国当前高等院校生涯管理仍存在许多问题，高等院校生涯管理工作不能适应大学生生涯发展需要。因此，高等院校在大学生心理健康培育和提升过程中应创新高等院校传统生涯教育观念，树立生涯管理意识，强化学校生涯管理工作。

1. 高等院校生涯管理的主要任务是培养大学生的生涯规划能力

高等院校生涯管理是指高等院校为实现高等教育的人才培养目标，满足大学生个体全面发展的实际需求，对大学生在校阶段的生涯发展实施的管理和辅导工作，其主要任务是培养大学生的生涯规划能力，具体来讲有以下三个方面：一是培养大学生生涯探索能力和自我经营能力，使学生正确认识自我、了解自我、接纳自我，具有强烈的生涯发展需求，能够清醒地面对未来的职业发展，了解相关职业领域的发展需求和现状，努力充实专业知识，提升职业技能，积极探索自己潜能发挥的有效途径；二是培养大学生生涯决策能力，使学生在生涯发展的一系列决策过程中，知道如何设定生涯目标并及时调整目标，如何确定自己职业发展方向和未来职业范围，在面对抉择时，能实事求是地看待问题并作出正确决策；三是培养大学生生涯行动及监控能力，使学生在计划执行过程中能够通过有效的时间管理建立良好的人际关系，积极适应周围环境变化，创造性地解决问题来保证计划实施，及时调整不合理计划，以及就自己发展的不足积极提升自己，以适应生涯发展对个体的新要求。

2. 以生涯管理基本理念指导学生开展职业生涯规划

从生涯发展角度来看，大学生正处于对未来职业进行探索阶段，只凭个人的经验和能力很难对未来职业生涯进行准确定位，开展合理规划。高等院校开展生涯规划指导，可以帮助学生进一步正确认识自己的兴趣、职业意向、职业潜能、职业素养等，使其尽早明确职业发展目标和方向，从而及时调整专业知识结构，弥补实践技能的不足，进一步增强职业综合素质和就业竞争力。因此，生涯管理要从观念上消除把职业指导等同于就业安置或提高就业率的误区，充实就业指导工作内涵，转变就业指导工作思路，把就业指导的重心转向学生生涯规划指导，不断激发学生职业规划的意识，引导和帮助学生选择正确的职业生涯发展路径，以实现学生期望的自我社会价值。

3. 高等院校生涯管理是对学生的教育实践实施的全方位指导

完全意义上的高等院校生涯管理是以生涯辅导为基础的全方位指导，主要包括与学生的个人发展愿望相结合、与学校的整体教学过程相结合、与国家和市场发展对人才的需求相结合三个方面。大学生涯管理是指培养生涯规划能力的教育活动和辅导活动，通过制度建设、计划制订、教育教学活动、师资队伍建设来实现学校影响。例如，学校可以要求专业任课教师将关于学生生涯发展认知、生涯态度等有关内容融入教学内容中，可以要求指导教师将生涯管理有关要素融入社会实践和第二课堂活动过程中，潜移默化地培养学生的生涯规划意识和能力。

4. 重视高等院校生涯管理的理论研究

近年来，国内高等院校为了适应社会对高等教育人才培养的需要，推动高等院校毕业生就业制度改革，纷纷开始了校园生涯管理的探索。但各高等院校的职业指导工作无论是实践层面还是理论层面，多数是对国外一些经验的复制和套用，还没有真正从个体全面发展的角度开展大学生涯管理，还需要系统开展职业规划辅导和生涯发展管理研究，需要开展高等院校生涯管理模式、职业心理测试、就业评价体系等理论层面的探索，建立本土化的生涯发展理论体系。只有开展扎实有效的理论研究，才能为高等院校生涯管理实践提供依据并指明方向。

（五）树立科学的生命意识教育观

生命意识是人对自己和他人的生命存在价值的一种认知与感悟。具有良好生命意识的人，能够热爱生命、珍惜生命，善待自己和他人的生命，对生命及生命关系有一个良好认知，能正确认识、理解、把握自己的生命价值，形成个体完善的人格品质。高等院校生命意识教育的目的就在于使大学生树立良好的生命道德品质，使其能够正确认识和把握生命与人类社会同自然环境的关系，促进各种关系和谐融洽，使自己在追求生命价值最大化的基础上生活得更有意义，更有利于个体全面和谐发展。因此，高等院校生命意识教育的核心内容应该是积极培育大学生的生命道德。

　　人的社会属性决定了其在正常生活中时时刻刻都要与自己、他人、社会环境发生各种各样的关系，在这些互动关系中，每一个人都承担着对自己、对他人和对社会的各种责任。在这些责任当中，个体对自己、对他人及对人类生命的责任是最基本、最重要的，也是生命道德的基本要求。对生命的责任意识是生命道德的基本内容，生命道德是调整人与自己生命、他人生命、人类生命及终极理想之间关系的道德。生命道德源于人对生命的关注，是人们对待生命的德行品质，是调节人们有关生命行为的特殊规范的总和。生命道德的意义在于追求生命神圣、生命质量和生命社会价值的和谐统一，是指导个人处理与自己生命、与他人生命、与人类生命，以及与精神生命之间关系的行为规范。生命道德是人的生命关系的应然，心理健康是人的关系世界的实然反映，回归到人的生活世界，两者在本质上具有统一性，都是为了追求人与自我、人与自然、人与社会及人与精神信仰的和谐关系。这种关系性上的统一性，使生命道德成了影响大学生心理健康的重要因素。积极的生命价值观能够引导大学生面对生活中的困难摆脱消极心理状态，积极的生命道德行为有助于大学生获得积极情绪体验、社会支持和成就感，良好的生命道德品质有利于解决大学生成长中的发展问题，生命意义感能提升大学生的自我价值感和主观幸福感。因此，积极培育大学生的生命道德能够促进大学生心理健康水平的提升。

第二节　创新大学生教育管理方法

　　面对当代大学生心理健康现状及其存在的心理问题，高等院校应从实际出发，探索有利于当代大学生心理健康发展的教育管理新方法。创新大学生教育方法要坚持意识形态引导与行为管理相结合、整体性推进与关注差异性相结合、理论研究与实践创新相结合。

一、突出生命价值取向的建构

生命价值取向是一个人确立其与自我生命、他人生命及自然界生命关系的基础，这些关系直接影响着人的性格特征的形成、人际关系的构建及价值观的确立，是个体意识形态对心理活动和行为表现具有根本影响的重要因素。因此，高等院校在大学生教育管理中更应突出对大学生生命价值取向的构建，以此促进其心理健康发展。

（一）培养正确的生命意识

部分大学生之所以对来自自身的影响因素敏感性不高，主要是他们获得了家庭和社会的过多关注和关爱，个体缺乏对生命关系和生命价值的真正思考，缺少来自内部的自觉意识。生命意识是人对生命存在和生命价值的认知与感悟，是人在对生命存在的认识和理解的基础上，通过实践活动追求生命关系和谐、生命社会价值延续的自觉意识。大学生具备正确的生命意识，更有利于清晰定位人生目标，明确生涯发展目标，进而在实现生命社会价值的过程中，实现自身全面发展。因此，高等院校要强化大学生的生命意识教育，帮助他们形成正确的生命意识，具体应从四个方面把握。

1. 引导大学生树立珍惜一切生命的意识

生命是宝贵的，是个体存在的基础和条件，个体生命的存在也是人类创造和实现一切的先决条件，因此，生命意识教育的基础在于关爱、珍惜生命的教育。同时，人的本质不是单个人所固有的抽象物。在其现实性上，它是一切社会关系的总和。珍爱生命不仅是个体生存的需要与权利，更是一种责任与共同生活的基本法则，珍爱生命就是不仅要珍惜自我的生命，更要关爱他人的生命。无视他人生命的人也不可能对自己生命的存在和价值有正确的理解，更不可能有崇高的人格品质。珍爱生命的教育，应当是自我与他人、权利与责任相统一的教育。"出入相友，守望相助，疾病相扶持，则百姓亲睦。"这既是我们中国人追求的道德理想，也是建设社会主义和谐社会的目标之一。人与人之间只有互相关爱、互相尊重，才能真正尊重和珍惜生命，尊重他人选择的生存方式。教育学生珍爱生命，就是要教会学生认识生命的珍贵，珍惜自我和他人生命的存在，就是要培养学生的生命责任感和对生命的感恩之情，让学生学会关爱、学会宽容、学会共同生活，懂得用爱心去回报关爱。

2. 培养大学生对生命的责任意识

人的社会性本质决定了人在正常生活中，必须与自己、他人、社会发生各种关系，任何人都必须对自己、他人和社会承担起自己在社会中的责任。其中，对自己、他人及他类生命的责任是最基本、最重要的，这也是道德的基本要求。对生命的责任意识是生命道德的基本内容，也是一个人社会责任意识的基础和根本。大学生责任意识缺失现象是受多方面因素影响而形成的，最重要的是两个方面原因。一是学校教育的失误和缺失。大学生生命道德教育一直受到传统道德教育思维方式的影响，内容过于理想化，目标脱离个人的需要和利益，其教育过程互动不够，形式化明显，没有形成完整体系，实效性较差。二是社会环境的消极影响。当前社会上一些错误认识和不良影响不可避免地会对大学生的思维方式、意识观念、行为活动等造成冲击，自私自利、损人利己、金钱至上等现象依然存在，以人为本、尊重生命、追求生命意义、提升生命价值的良好社会氛围尚有待营造。

3. 引导大学生积极探索生命的意义与价值

人的生命是有价值的，价值是人存在的基础和依据，对人生意义的追求、对生命社会价值的追求是生命价值的最高体现。生命教育应该引导大学生从外在化、功利化、世俗化的目的中解放出来，积极探索生命的意义，努力提升生命价值。生命的意义不仅指个体生命的意义，也指人对人类在宇宙中位置的思考，以及对人类类生命本质的思索，两者是相统一的。因此，探索生命意义、提升生命价值的教育应包括三个方面。一是创造生命价值的教育。人的生命就是意义生命，人是一种价值实体。意义不是客观存在的，它是经过人主观努力创造的。二是体验生命价值教育。大学生注重自我实现，应积极引导学生认识到自我实现是一个过程，其中那些微小的进步未必会带来权力、金钱、地位等外在价值决定性的改变，但会给个体带来生命的高峰体验，从而使个体对生命价值的认知发生良好转变，对生命的价值和意义有所领悟。三是引导学生把生命个体价值与社会价值统一起来，体现生命价值的最高形式。人是一切社会关系的总和，是地球村中的一员，将大学生的视野引向整个社会、整个人类和宇宙，将生命个体与社会、与他人、与自然结合起来，才是生命价值的最高体现。

4. 引导学生建立科学合理的生涯发展目标

生命的意义体现在为自己明确的人生目标不懈奋斗的过程中。平时那些生活态度积极、获得较大价值感和成就感的大学生，是有明确的目标并不断向目标迈进的人。生命意识教育内容之一，就是引导学生确立一个正确的人生目标，并鼓励他们为之努力奋斗，在有价值感的活动中体验生命的意义，实现生命的价值。大学生的人生目标既与社会需求相统一，也与个人兴趣、爱好和追求相一致，既有长远、持久的目标，也有短期的实施计划，既包括人生规划，也包括人格完善，是一个身心和谐、持续发展、志存高远的目标。

（二）创新生命道德教育

高等院校生命道德教育在传统道德教育思维方式的长期影响下，教育内容过于理想化、抽象化，教育目标脱离个人客观实际需要和利益，教育过程呆板僵化，互动不够，没有形成完整体系，实效性较差。创新大学生生命道德培养路径应注意把握三个方面内容。

1. 加强对"个体"的关注

生命道德教育是重视个体本身的道德教育，需要构建整体性德育体系并调动学生的主体意识和个体意识。传统的道德教育注重弘扬社会或集体的利益，忘我、无私的思想受到推崇，其中忘我的道德教育更多考虑的是为他人，对个体道德的自主性、生命价值的尊严、自我利益的正当性等没有给予更多关注和应有重视。在现实世界，人既是一个实体，更是一种关系存在，每一个人都存在于与他人的关系之中，他人的存在是每一个人存在的条件，个人的发展只有在与他人的关系中才能实现。每个人为了自己，必然要做一些有利于利益相关者的事情，这些人当然是在自己所属群体中生活的人，包括自己的家人、同学、同事等。此时个人的私实际上已经不是单纯的自私，作为个体的我也不再是狭义的小我，而是广义的包含其他人利益的大我，这种大我与单纯小我直接相关，而不是割裂的、空洞的、排异的。因此，高等院校开展生命道德培育不能只注重为他人、为人类奉献的教育，更应该关注"个体"，个体生命价值、利益在生命道德教育中应同样受到重视。

2. 开展生命叙事活动

所谓生命叙事活动就是指表达自己生命故事的活动。生命故事是指个体在生命存在与成长过程中逐渐形成的对生命的感受、经验、体验和追求，既包括个体自己的生命经历、生活经验、生命追求，也包括个体对他人生命存在的感受、经验、体验和追求的感悟。生命叙事过程会直接触及个体或个体对他人生命的生活经历、情绪感受、情感表达、生命经验等的认知，并再现这些生命经验，触发生命体验，感悟生命意义，有助于大学生对自己生命情绪、情感认知的调节，有助于大学生生命责任感的形成，也有助于大学生正确处理与自己生命的关系。生命故事本身凝结着个人对自己或对他人人生重要经历的理解和经验，生命叙事过程就是将其再次间接呈现出来，在他人讲述的过程中不仅会使自己获得对生命道德关系的新感悟，也会使自己获得一种内在的对自己和他人生命价值与意义的责任感。大学生讲述自己生命故事的过程也是自己对事物、对他人、对自己再认识的过程，可以引领自己生命成长的方向。

3. 加强生态道德教育

自然环境是各类生命赖以生存的基础，珍惜生态、保护环境是人类发展和进步的需要，高等院校应从三个方面加强大学生生态道德教育。一是要树立崇尚自然、热爱生态的道德情操。随着人们物质生活水平不断提升，追求原生态的自然美已逐步成为人们的审美追求和社会时尚，回归自然、返璞归真是当前人们价值追求的新特点。因此，高等院校应该以此为契机把大学生的审美情趣引导到尊重自然、珍惜生态、保护环境等方面来，并使之形成一种校园氛围、校园时尚，内化为大学精神的核心内容，带动每个大学生都养成一种符合生态文明要求的高尚情操。二是要唤起大学生关爱生命、善待生命的道德良知。高等院校应该从自然生态伦理视角出发，引导大学生正确认识自然界一切生命存在的客观必然性，在维持人类一定生存质量的同时，敬畏生命，自觉保护身边生命体的基本生存权，维护自然生物链条的完整与和谐。三是要培育大学生崇尚勤俭节约的传统美德。在我国现实的国情条件下，盲目追求高消费会对有限的自然资源造成极大的浪费，每一位大学生都应以节俭和适度消费为荣，树立这一美德对社会经济发展和生态环境保护都有着重要的现实意义。

二、凸显大爱精神对校园文化的引领

高等院校大爱精神是高等院校广大师生在生活中表现出来的对自己、对他人、对国家和民族前途与命运的自觉关注、高度负责和无私奉献的精神，是高等院校文化的核心、本质内涵，是指导高等院校各种办学活动的核心精神，是大学生成长的动力和发展的精神源泉，是大学生感受人间大爱、提升领悟社会支持的巨大财富，是大学生培养积极人格品质的最好资源。

（一）在课堂教学中培养大爱精神

课堂是高等院校践行大爱精神的主要阵地之一，在课堂教学中，教师不仅要重视科学文化知识的传授，更要把爱国家、爱民族、爱他人、爱自己、无私奉献、勇于担当的精神和意识融入课堂教学全过程，把大爱精神的精髓与教师的人格魅力和科学知识的吸引力有机结合，潜移默化地影响学生，让每一个学生真正认同大爱的精髓，领会大爱的真谛。

（二）在学术活动中培养大爱精神

学术活动是更高层次的实践活动。在大学校园，科学研究工作有着自己特殊的规律，求真、务实、创新是开展科学研究活动的基本要求。在科学研究中形成的追求真理、宽广包容的精神就属于尊重真理、热爱科学的大爱精神，这种大爱精神会深深感染那些参与科研学术活动的人，潜移默化地培育着每一个参与者的大爱意识。因此，在学术活动中培育大爱精神，就是要遵循科学研究发展的规律，崇尚严谨、求真、务实、创新的学术精神，就是要关爱从事科学研究活动的群体，为从事科学研究活动的人创造宽广、包容的学术环境。在科学研究工作中展现出来的追求真理、宽广包容的精神既是爱真理、爱科学、爱师生的高等院校大爱精神在学术研究中的体现，也是高等院校学术创新活动得以顺利开展的必备要素，对培养大学生创新能力和创新精神有重要作用。

（三）将大爱精神融入制度文化建设

高等院校应把大爱的理念融入校园制度建设之中，积极推动人性化的管理模式，通过引导师生广泛参与民主管理来推进学校管理科学化。将大爱精神融入校园制度文化建设中，就是把大爱精神与校园各项规章制度有机结合起来，使制度中饱含着学校对教师和学生的关爱与尊重，通过制度的人性化功能调节人与人之间的利益，规范每个人的行为，通过制度强化学生自我教育、自我管理的意识，促使师生主动将个人成就、切身利益与学校的发展紧密联系在一起，形成师生与学校互信互爱的氛围。

（四）将大爱精神融入高等院校教师行为文化建设

当前，高等院校行为文化建设的重点应该放在规范教师的行为上来，切实开展师德师风建设。2014年10月，教育部《关于建立健全高校师德建设长效机制的意见》提出，高等院校要积极引导广大教师做党和人民满意的、放心的合格教师，做有社会主义理想信念、高尚道德情操、学识渊博和仁爱之心的好教师，要进一步加强和改进教师的思想道德建设，培养和造就一支思想品德高尚、业务技术精湛、充满生机活力的高素质教师队伍，这对高等院校师资队伍建设提出了新的更高要求。因此，高等院校在贯彻该意见时，应着力塑造教师严谨、努力、乐于奉献的行为品质，让大爱精神体现在每一位高等院校教师的举手投足之间，使每一位教师都能成为榜样，成为学生敬佩的人，默默地感染和熏陶着自己的学生，给他们的思想和行为带来积极影响。

（五）将大爱精神融入高等院校环境文化建设

高品位的环境文化不但能够加深广大师生对人生美好事物的感悟，对环境中美和爱的理解与认同，而且还有助于促进大爱精神在校园的传承与发展。因此，高等院校在进行校园硬件建设中，要将大爱的元素和自身办学特色体现其中，用校园环境特有的感染力激发师生的爱校热情，陶冶师生爱自然、爱学校、爱他人、爱科学的良好情操。例如，有的高等院校在图书馆内饰设计上，刻凿有隐喻科技发展促进人类进步的浅浮雕；有的高等院校将大门设计成仿古风格，不仅表现出了浓郁的民族特色，还完美地继承了民族的、学校的良好历史文化传统。这些都是校园建设中融入大爱精神元素的生动体现。

三、注重理论研究对教育管理创新的推动

针对大学生心理问题现状，高等院校应重点开展积极心理教育研究和生涯管理理论研究工作，促进高等院校心理教育和生涯管理工作水平进一步提升。

（一）开展积极心理教育研究

近年来，我国部分学者将积极心理学理论扩展、整合至高等院校思想政治教育、心理健康教育等实践性较强的领域，开拓了高等院校积极心理教育的理论研究和实践探索。有学者探讨了积极心理学在大学生思想政治教育中的整合、借鉴与应用；有学者分析了积极心理学与高等院校心理健康教育相结合的必要性，提出了两者相结合的具体设想与方法。

然而，当前高等院校积极心理教育中针对大学生心理问题的理论研究和实践探索方面都比较薄弱，还有许多有待进一步完善和解决的问题，以及需要探索和弥补的空缺。一是高等教育领域尚未形成一套成熟的、可以指导高等院校积极心理教育的理论体系，高等院校关于积极心理教育还没有建立一套行之有效的操作模式，研究方法和研究技术亟待整合与发展，研究的内容和领域有待拓展和深化。二是建立在中国文化背景下的本土化研究还有待加强。因此，我国高等院校积极心理教育研究还任重道远，建立完整有效的理论框架、拓宽研究领域、创立和发展新的研究技术、与传统心理教育协调发展，以及积极心理教育在高等教育领域的本土化研究都将是高等院校积极心理教育研究面临的紧迫任务。

（二）加快大学生生涯理论和生涯辅导技术本土化创新

目前，我国开展大学生生涯辅导主要依据国外生涯发展理论和生涯辅导技术，国外的生涯辅导理论和辅导技术为我国高等院校开展生涯辅导工作提供了有益的启示与借鉴。然而，如何将国外的理论和技术更好地应用于中国高等院校的生涯管理，并在其基础之上研究开发中国本土化的生涯发展理论和技术，是高等院校生涯发展理论和技术应用研究的重要内容。

国外理论应用要实现中外价值取向的有机结合。由于受到历史、传统文化等因素的影响，中外价值取向的差异深深地影响着人们的思维方式和心理行为。从价值取向来看，一些国家个人的价值和意义被放在首要位置，即个人主义倾向占主导；而在中国传统文化里，集体的价值和意义被放在首要位置，提倡个人服从集体，集体主义始终是价值观念的核心。在高等院校生涯管理工作中如果一味强调集体和整体，忽视个体的成长发展需要、忽视个体个性的适度发展，就会压制学生的主动性和创新意识，高等院校生涯管理的实际效果将大打折扣，也背离了当前高等教育改革方向。但是完全引进国外的理论体系，就会造成水土不服，引发学生价值观混乱，使这些理论难以在实际中得到应用和发挥，背离人才培养目标和方向。因此，在国外生涯发展理论和技术的应用中实现中外价值取向的有机结合，是当前生涯发展理论和技术本土化研究的主要方向。

开发本土化大学生职业生涯测评系统。科学、客观的自我评估是实施有效职业生涯规划的前提和基础，本土化的专业职业测评更适合中国人的文化和心理特点，有利于大学生更加科学、客观地认识自己。开发本土化、专业化的职业测评系统主要有两项工作：一是要培训和配备专业的人员，以保证测评过程的规范性和结果分析的科学性；二是开发科学的、完善的测评工具，保证测评结果的真实性和可信度。本土化职业生涯测评工具的开发是本土化大学生职业生涯测评系统建设的重点和难点，需要结合我国大学生自身心理特点和我国社会职业环境特征，同时注重结合实践性、专业性和经济性。

第三节　拓展大学生教育管理途径

面对大学生心理健康发展的要求，高等院校应该进一步拓展大学生教育管理途径，从培养大学生积极心理品质、培养大学生生涯规划能力、构建来自家庭和同龄人的人际支持机制等方面，为大学生心理健康发展创设良好条件。

一、开展积极心理教育

当前，我国多数高等院校心理教育的重点放在了普及心理健康知识、解决学生心理问题和预防学生心理危机发生方面，心理辅导和咨询工作也把消除部分学生的心理障碍和预防心理问题发生提升到主要地位，忽视了心理教育开发人的潜能和培养个体积极心理品质的重要任务，关注的对象仅是少数有心理问题的人。高等院校应该大力开展积极心理教育，促进大学生积极心理品质的培养和潜能的开发。

（一）构建积极心理教育课程体系

高等院校心理教育课程应以积极心理学为指导，在课程目标、课程内容、教学方法、教学效果评价等方面进行改革。

1. 课程目标应突出个体发展性

心理教育课程目标应由重点解决部分学生面临的问题走向关注全体学生积极人格的发展。根据积极心理学理论，心理教育的对象是全体学生，课程目标设定应包含心理问题预防、不良心理行为矫正和积极人格品质培育，重点是突出心理教育的发展性功能，要强调如何进一步优化学生心理品质和进一步开发心理潜能，培养学生的积极心理品质、积极情绪体验、积极自我概念、创造性思维品质等，具体包括培养和提升学生的创造性、洞察力、积极情绪、情绪控制能力等各种智力潜能和非智力潜能。

2. 课程内容应与个体发展需求相结合

当前高等院校心理教育课程内容多以大学生常见的心理问题与疾病预防为出发点，以心理问题的症状、成因及相应的预防和调适技巧为主，具体讲授心理学基本知识、个体心理活动规律、心理问题产生的原因及应对措施等，课程学科化、知识化倾向严重，与学生的实际需求和关注点差距较大，特别是与学生心理健康发展需求相距甚远。积极心理学视野下的心理教育应紧密与学生全面自由发展需求相结合，与学生的积极人格养成相结合，将心理学理论与生活实际相衔接，培育和开发大学生个体和群体的积极品质，最终达到促进大学生个体和群体心理优势形成和提升的目的。我国学者孟万金等人在综合考虑时间因素（如过去的、现在的和未来的）、行为类型（如生活的、学习的、工作的和社交的）、关系指向（如对人的、对事的和对己的）基础上，将 14 项内容优先列为学校积极心理教育的核心内容，包括增进主观幸福感、提高生活满意度、开发心理潜能、发挥智能优势、改善学习能力、提升自我效能、增加沉浸体验、培养创新能力、优化情绪智力、和谐人际关系、学会积极应对、充满乐观希望、树立自尊自信、完善积极人格。

3. 教学方法应多样化

积极心理学非常重视体验在教育中的作用，认为积极人格形成的最佳途径就是让受教育者在教育和生活中体验积极的情绪情感、认知感悟等心理活动。因此，高等院校心理教育课程中要增加各种体验环节，引领学生体验过去的、现在的积极情绪情感和认知感悟，领悟未来的美好设计和憧憬，通过体验与领悟过程培养和提升学生内在的积极力量，激发学生的积极性和创造性，进而促进学生积极人格特质的形成和发展。高等院校心理教育课程应注重理论与实际相联系，强调集知识、体验和训练为一体的教学方法，在教学中要注重将知识讲授、行为训练、心理体验等过程有机结合，根据教学内容灵活采用知识讲授、团体训练、案例分析、生命叙事、心理情景剧、团体辅导等教学形式，丰富学生内心体验，让学生在体验中学习、感悟，使其掌握心理调适与激发潜能的技能。除课堂教学外，高等院校还应该将心理教育拓展到日常生活中，生活中对积极事件的体验与感悟，更能增加学生的积极情感认知和沉浸体验效果，更有利于学生积极心理品质的形成与发展。

4. 教学效果评价应多元化

人的心理品质是一个内隐的、抽象的、个性的概念，无法用具体标准来衡量。同样，心理教育课程的教学效果也具有内隐性、抽象性、个别性特征，很难用一个具体的、统一的评估体系进行效果评价。因此，积极心理教育课程效果评价应坚持注重发展性和过程性，采用多元、动态的评估方式。评估内容要包括基本知识理解掌握情况、学生积极心理品质形成和发展情况，以及实际解决问题的能力提升情况。教学效果评价要突出强调课程效果对受教育者整体性发展的促进情况，重视评价的动态性、情境性，通过评价全面、客观地反映学生积极心理品质提升情况和心理潜能开发情况。

（二）开展发展性心理辅导

考虑到大学生心理健康发展需求和影响因素，高等院校的心理辅导也应该改变目前以障碍性心理辅导和适应性心理辅导为主的模式，重点开展发展性心理辅导。发展性心理辅导是指根据个体心理发展的一般规律和特点，结合个体的个性心理特征，帮助和支持个体尽可能圆满完成各自的心理成长历程，使个体能更好地认识自我、接纳自我、调节自我，完善积极人格品质，开发自身潜能。发展性心理辅导的主要任务是对个体的自我意识、情绪调适、意志品质、人际交往与沟通及群体协作技能进行辅导，培养良好的个性心理品质，提升社会适应能力。

在大学生个体的成长发展过程中，积极人格特质的形成与发展主要是通过内部和外部因素对其所具有的各种现实能力和潜在能力的激发和强化来实现的。当大学生本身具有的某种现实能力或潜在能力在学习和生活过程中不断被激发和强化，并逐渐成为一种日常行为习惯时，由这些能力和潜能构成的积极人格特质也就形成或者得到了发展。因此，高等院校心理辅导应在积极人格理论的引导下，结合每个被辅导学生的实际情况，激发和强化学生的某些现实能力和潜在能力，或者帮助和支持学生自我激发和强化某些现实能力和潜在能力，达到促进某些积极心理品质形成和发展的目的。在心理辅导中引导学生进行积极的情绪和情感体验是帮助和支持学生自我激发和强化的主要途径。

二、加强高等院校生涯管理工作

大学生心理健康与大学生生涯规划能力有着密切关系，二者互相影响、互相促进。高等院校生涯管理工作还需进一步加强，大学生的生涯规划能力还有待进一步提升。面对大学生心理健康发展的需要，高等院校生涯管理工作不仅要确立正确的工作指导思想和原则，还要创新和拓展生涯管理的途径。

（一）确立正确的工作指导思想

综观当代社会人力资源需求趋向，高等院校生涯管理的实质就是对学生能力的培养和训练，主要任务和核心目标是培养和提升大学生的生涯规划能力。强化高等院校生涯管理工作，要积极吸取中国传统文化精髓，充分体现马克思主义关于人的全面发展的观点，树立全程化、全方位开展生涯管理的思想。因此，构建高等院校生涯管理体系要坚持四个原则。

第一，坚持学习借鉴国外先进理念与吸取我国传统文化中的朴素思想相结合的原则。国外生涯发展理论引入我国已多年，学者们在本土化研究方面确实取得了一些成绩，但是面对当前经济结构调整的特殊时期和大学生就业的复杂形势，已经取得的成果在解决大学生生涯发展问题中的效果不尽如人意，如何建立中国的生涯管理教育体系再次引起人们的深思。因此，只有将学习借鉴国外先进理念与吸取我国传统文化中的朴素思想相结合，才能构建本土化的高等院校生涯管理理论，开展适合中国大学生的生涯管理工作，主要体现在五个方面：一是德为才之先，在生涯规划与管理上，大学生的成"人"首先是道德品质成人、精神信仰成人；二是在大学生个人生涯规划中要体现出人与环境和谐统一的思想；三是引导学生在生涯规划过程中坚持把个体价值的实现与社会价值的实现相结合；四是引导学生辩证地看待失利，使其认识到人生不能总试图站在最高峰，要知退让、懂权变；五是将生涯管理与人生观和价值观教育结合起来，发挥传统教育的作用。

第二，坚持社会需要与个人发展相统一的原则。高等教育具有社会服务功能与个体发展功能，应把满足社会的需要与满足个体发展的需要有机结合起来。社会服务功能主要包括服务和服从于国家社会主义建设中经济发展的需要、民主政治建设的需要、文化发展的需要等，个体发展功能主要包括个人成长的需要、个人职业发展的需要等。高等教育具有的这些功能是客观存在的，但人们对其价值的判断则会因为客观条件和主观认识的不同而存在差异。例如，一些高等院校曾经一度将生涯管理简单理解为"辅导学生如何找一份理想工作""教育学生如何为社会服务"等，导致学校生涯管理工作功利主义思想泛滥，忽视了受教育者的个性化发展。我们要从过去的错误中吸取教训，在生涯管理中引导学生将个体发展与国家和社会发展需求相结合，既要关照个体个性化发展，又要发挥社会主流价值观在生涯管理中的导向作用，要避免学生过度关注当下利益。在高等院校生涯管理活动中只有把社会需要与个人发展相统一，实现组织与个人双赢，才能保证生涯教育效果。

第三，坚持全程与阶段、全面与重点相结合的原则。高等院校生涯管理的内容十分广泛，其关注的是大学生在校期间和毕业以后个人所拥有的所有职位和角色。因此，高等院校生涯管理是贯穿大学生培养教育全过程的系统辅导体系，必须从其成长发展的客观规律出发，根据其不同阶段心理活动特征和生涯发展特点，制定出相应的辅导目标，开展相应的辅导工作，循循善诱、循序渐进地引导和帮助大学生管理和规划自己的大学生涯。在高等院校生涯管理工作中高等院校既要制定针对每个群体的全程辅导目标，又要制定他们在校期间每个阶段的目标；既要广泛开展涉及生涯发展各方面的生涯辅导，又要针对不同阶段的需要开展重点辅导。高等院校只有坚持全程与阶段、全面与重点结合的原则开展工作才能够真正实现生涯管理目标。

第四，坚持整体辅导与个别指导相结合的原则。大学生生涯发展既有群体共性问题也存在个体个性差异，因此，高等院校生涯管理既要有针对共性问题的辅导，又要有针对群体或个体差异的分类别或个别的指导。在具体实施过程中，对大学生群体普遍存在的生涯发展问题适合整体辅导，如采取课堂讲授、专题讲座、主题班会等形式；对大学生个体具体生涯发展问题，除进行集体辅导外，还应该注重个体辅导工作，尊重个体差异。个别辅导应该做到具体分析个体的个性特点，有针对性地进行研究和辅导，指导学生开发潜能，引导学生发现自己的最佳发展领域，使每一个学生都能在这些领域得到最优发展。

（二）拓展高等院校生涯管理实施的途径

生涯管理实施途径和工作方式较为单一是当前我国高等院校生涯教育

成效甚微的主要原因之一。因此，高等院校需要通过建立生涯发展课程体系、校园文化建设、专门指导和咨询服务、开发校友资源等多种途径开展生涯教育，发挥综合作用，以达到最佳效果。

1. 生涯发展规划指导课程

开设大学生生涯发展规划指导课程的目的是指导大学生学习生涯规划知识与技能，引导大学生明确自身未来生涯发展方向，帮助大学生设计与规划人生发展道路。当前我国大学生生涯发展规划指导课程的主要任务有五个方面。

第一，正确认识自我的教育。高等院校生涯发展规划指导课程主要介绍自我探索的理论与方法，引导学生深入了解自己的能力及能力倾向、兴趣、个性特点等情况，客观分析、认识自身人生价值取向、职业价值观、生涯发展方向等。学生自我认知与学校、教师、同学等的外在评价相结合的方式，可以帮助大学生客观、全面地认识自己。学生开展生涯探索的基础来自其对自我状况和个人价值观的深入了解，因此，自我认知教育是生涯发展规划指导课程的基础内容。

第二，生涯规划意识培养和生涯规划知识教育。大学生是生涯规划的主体，生涯规划意识是他们进行生涯规划的前提，只有充分调动其内在规划需要才有可能产生自我规划的动机。因此，高等院校生涯管理的首要任务是培养大学生的生涯规划意识。生涯规划知识教育主要是让学生了解生涯规划的基本理论、知识，了解各种职业的基本特征和发展趋势，使学生掌握生涯规划的内涵、特性、遵循原则和影响因素，掌握开展生涯规划的基本步骤与方法，为探索科学的生涯发展途径奠定理论基础。

第三，生涯抉择能力的培养。大学生生涯抉择能力在整个大学生生涯规划中起到承上启下的作用，是高等院校生涯发展规划指导课程关注的重要内容。生涯发展规划指导课程要指导大学生了解生活中各种可能面临的选择，面对决策情境能收集、运用已有资料，权衡各种选择之间的利弊进行生涯抉择，包括职业类别、生涯路线、目标、行动措施等抉择。

第四，职业环境的认知教育及职业素质与适应力的培养。生涯发展规划指导课程要引导和帮助大学生尽可能全面、深入地了解当前的社会环境与职业世界，使其熟悉所学专业涉及职业的发展环境，尤其是未来该职业的胜任能力要求、组织发展战略及经济、政治、文化环境等，使其在知己知彼的基础上增强规划的针对性和有效性。生涯发展规划指导课程还要进行职业劳动素质、职业道德、身心素质等职业素质的培养，引导大学生既志存高远又夯实基础，具备良好的职业适应能力。

第五，培养大学生开发自身潜能的能力。开发潜能意识的教育与培训是高等院校生涯发展规划指导课程的重要内容。有心理学家指出，多数人一生只有 4% 的能力发挥出来，剩余 96% 的能力还未开发。因此，在生涯发展规划指导课程讲授中教师要给予每个学生充分展示的机会，通过施展才能，使其认识到自身具有的巨大潜能，这种潜能会存在于各种活动中，潜能的开发对人的成功具有很大作用，一定程度上影响着生涯目标的实现。同时，教师还要培养大学生在生涯发展过程中发现并发掘个人潜能的能力，使大学生能够自觉开发自身潜能。

2. 校园文化活动

高等院校校园文化活动的内容十分广泛，它通过内容丰富、形式多样的活动对大学生价值观念、道德情操、思想内涵和行为模式的形成与发展发挥着重要的影响。因此，开展丰富多彩的校园文化活动，是高等院校实施生涯辅导和影响的重要途径。就生涯管理来看，开展校园文化活动的形式主要有班会活动、社团活动、社会实践活动等。

第一，班会活动。班会活动是大学校园文化活动的基本方式，也是大学生自我教育的重要阵地，它不仅具有教育功能，还具有娱乐等功能。班会活动是大学生创新活动的乐园，主要包括模拟表演、分组竞赛、相互咨询、专题报告、节日纪念、现场体验、经验交流、专题辩论、实话实说、总结归纳等形式，它能够吸引广大学生积极参与，调动学生的积极性和创新性。体验式情境培训已经成为班级生涯指导的一种创新形式，受到大学生的欢迎。体验式情境培训是近年来一些高等院校主题班会开展生涯指导的创新形式，是大学生通过设计职业生涯活动模型和模拟职业活动获得新知识、工作技能、工作态度的方法。教育心理学相关研究表明，体验式情境培训给学生带来的知识掌握程度要远远超过传统意义上的教学活动。体验式情境培训包括情景活动、角色扮演等方面，让学生能通过亲身体验在较短时间内获得最多的经验。

第二，社团活动。学生社团是自发的有特定活动内容的学生组织，它们自我管理、自我服务，受学校团组织的统一监管。高等院校社团活动是参与人数最多、活动范围最广、内容最丰富的学生校园活动，有效地活跃了大学生活，深受广大学生的青睐，已成为大学生展示自己才华的重要载体和校园文化的主力军。高等院校应将生涯辅导的有关因素有机融入学生社团活动，通过营造生涯发展氛围，发挥社团活动在大学生生涯教育中的载体作用。社团活动对大学生的全面发展有多方面的意义，综合来看主要有三点：其一，学生可在社团学到人际关系技巧与领导技巧，并能够有机会展露自己的才能，这些有助于其日后的职业生涯发展；其二，参与各种活动与人际交往有助于学生了解自己、确立志向、实现自我发展；其三，参与各种有趣的活动可使学生得到情绪的释放与满足。通过社团活动这种无压力的形式来进行生涯教育，无疑会让学生感觉更为从容自如。研究表明，参与社团时投入越多、贡献越大者，其学习和成长收获越丰厚。因此，高等院校应鼓励大学生积极参加学生社团，以提升自身发展能力。

第三，社会实践活动。社会实践活动有利于培养和提高大学生实践能力和职业技能。大学生在社会实践活动中既磨炼了意志、锻炼了能力、了解了社会，又能对所学专业应用前景及与理想职业匹配情况有一个感性认识，促进其积极构建与理想职业需求相符的能力结构、知识结构。在实践活动过程中，大学生既可以体验和感悟职业岗位需求变化对职业能力的影响，根据变化适时调整职业生涯发展计划和职业生涯目标，还能够了解当下人才市场对基本职业能力和基本职业素质的要求，明确努力方向，提高行业关注度和敏感度。因此，要充分利用各种资源搭建实践锻炼平台，为大学生创造更多接触社会、了解社会、锻炼能力的机会，例如，开展大学生志愿者活动、"三下乡"活动、社区咨询服务活动等有明确目标的社会服务性实践活动。

3. 开展生涯规划咨询

高等院校生涯咨询是高等院校为了满足大学生生涯发展需要组织开展的一种由专业人员参与的咨询指导服务，目的是帮助学生提高自我认知能力和自助能力，指导学生求职，帮助学生做出生涯决策，最终促进学生的职业成功与生涯发展。

第一，建立咨询室，开通咨询热线。建立生涯规划咨询室，开通生涯咨询热线，为学生提供生涯规划辅导服务是高等院校生涯管理的工作形式之一。高等院校的生涯规划咨询应包含生涯发展咨询和心理咨询，由经验丰富的专业咨询人员从事这项工作。生涯发展咨询则以发展心理学、成功心理学、人力资源管理学为理论基础，开展生涯发展与规划的咨询服务。生涯发展咨询的形式主要有面对面个别咨询、团体咨询和电话咨询。

第二，建立生涯资料袋。通过为学生建立生涯资料袋，为其生涯规划和发展提供帮助与指导，是高等院校生涯管理工作的基本任务之一。其主要是利用人格测验、能力测验、职业兴趣测验等专业测量工具定期为大学生开展测量服务，帮助大学生进一步了解自己的职业兴趣、能力倾向、个性特征、社会态度等个性特点，并整理这些信息资料，建立个人生涯资料袋，为将来学生了解自己和指导教师研究指导学生做参考。高等院校一般在大一和大三分两次定期开展专业心理测试，第一次心理测验是为了了解学生基本状况，第二次心理测验是为学生职业选择提供参考。学生在校期间，其生涯资料袋应不断丰富，高等院校应将学生参与职业辅导、参加职业活动，以及能够反映个体职业心理发展特征的资料均保留下来，以便为将来帮助学生进行职业选择提供依据。

4. 开发校友资源

校友是学校的一笔宝贵财富，他们不仅传承着学校的历史文化，更有着丰富的社会阅历、生涯发展经验和优秀的社会资源。邀请事业、学业有成的校友与学生交流，向同学们传授经验，能够发挥其榜样和示范作用，激发学生的探索欲望和创新意识，有利于引导学生积极主动借鉴校友的成功经验，科学合理地规划职业定位，纠偏避误，扬长避短，更好地适应社会发展需求。

三、构建积极人际支持机制

从调查数据看，在对大学生心理健康具有重要影响作用的十个因素中，人际支持因素排在第一位，来自家庭的、同学的和知心朋友的信任、帮助、理解、关心等对大学生心理健康的影响最为明显。因此，在大学生教育管理过程中积极构建来自家庭和同龄人的人际支持机制就显得非常重要。

（一）建立促进家庭支持的沟通机制

对大学生心理健康影响因素的调查分析显示，"从家庭成员处得到理解、支持和帮助"一项影响力得分最高，这说明来自家庭的影响和支持对大学生心理健康发展有着重要影响。许多学者的研究也表明，来自父母的理解与支持对大学生人际信任、乐观品质、韧性品质、主观幸福感等都有显著影响。

家庭是大学生自出生以来成长生活的地方，大学生与家庭成员有着深厚的感情和不可替代的信任感，大学生无论是经济上还是心理上都与家庭保持着密切联系，在大学生心理健康发展中家庭发挥着重要作用，因此，高等院校积极促进学生家庭成员对大学生的理解和支持，也是大学生心理健康教育不可或缺的重要举措。建立促进家庭支持的沟通机制可以采取以下措施。

（1）通过适当方式让家庭成员了解学校和学生。在信息技术发达的今天，距离已经不再成为沟通的障碍，学校可以通过学院网站专栏、QQ群、微信等方式，建立与学生家庭的联系通道，定期把学生所在学院或专业的教学、科研、学生工作等进展情况，学生积极参与上述工作取得业绩情况，以及学科发展情况和专业的社会需求情况传递给学生家庭，让家庭成员了解学生的学习生活状况，了解学生未来职业发展情况、学生将会面临的各种挑战等，增强家庭成员对大学校园生活和未来发展的全面了解，加强家庭成员对学生的理解、关怀与支持。

（2）定期开展不同形式的家长论坛。大学生来自五湖四海，学生家长的受教育程度、生活经历、认识问题的角度、子女教养方式等都存在着很大差别，他们对高等教育认识和了解程度差异很大，对大学生的成长与发展的关注程度和层次差异也很大。面对这样一种现状，学校与家庭之间如果只有单向的信息交流，收效不会显著。学校还必须通过多种途径和多种形式与学生家庭成员进行交流互动，一方面调动家庭成员关注学校教育、关注学生成长的主动性；另一方面，深入了解学生与家庭成员的沟通联系状况，引导家庭成员给予大学生更多的理解、支持和帮助。具体途径和方式包括举行网上视频论坛、召开年度部分家长见面会、利用寒暑假进行家庭走访等。

（3）开展针对家长的专项教育咨询服务。由于不同学生家庭成员的整体素质水平不同、经历不同、家庭情况不同，学生与家庭成员的沟通情况也不尽相同，得到家庭成员的理解、支持和帮助的程度也不相同。学生遇到问题可以到学校的专门咨询机构来寻求帮助，但是，单项解决问题的效果会大打折扣。因此，学校要开展家长专项咨询服务，由专门的工作人员和辅导员或学生任课教师来参与服务，为那些与学生交流有问题的家长提供帮助，帮助其与学生重建较好的沟通，实现互相理解，使学生能够感受到来自家庭的温暖。

（二）引导学生群体开展互助活动

大学生群体年龄相仿、生理与心理发展特征相近，在学校朝夕相处，相互之间沟通更便利，也更容易相互接受和理解。因此，引导学生开展互助活动，有利于大学生获得人际支持，增强自信心，促进自我接纳。同学之间的互助主要包括学习与生活方面的互助和心理互助，引导学生开展互助活动有以下措施。

（1）指导学生组织开展面向广大学生的志愿服务。目前，高等院校学生群体中的学生组织（这里指正式组织）主要有党组织、团组织、学生会、班委会以及各种社团，这些学生组织在配合学校管理、丰富校园文化生活及开展社会志愿服务方面发挥着积极作用。但是，这些志愿服务的内容主要是对社会弱势群体的帮困活动，对本校内同学之间开展的志愿服务活动普遍关注较少。因此，学校应该积极引导校内的学生组织在同学之间开展志愿服务活动，同学之间的志愿服务活动有别于针对社会开展的志愿服务活动，体现为一种群体内的互助，主要包括四个方面：一是在生活适应方面的帮助，主要体现为对各种生活不适应同学的帮助；二是在学习方面的帮助，主要体现为对那些专业学习确实有困难学生的帮助；三是家庭生活方面的帮助，主要体现为对家庭有后顾之忧或者是经济困难学生的帮助；四是职业发展方面的帮助，主要体现为对那些自我规划能力不足、择业与就业困难学生的帮助。

（2）组织开展学生心理互助活动。学校组织大学生开展心理互助活动主要可以通过隐蔽式心理互助和朋辈心理互助的方式开展。隐蔽式的心理互助活动主要是通过学生之间匿名沟通的方式，告诉别人自己在心理上存在的某些障碍，以获得大家共同帮助的方式。隐蔽式的心理互助活动可通过如下步骤来实现：第一步，学生以匿名的方式写下自己心理上的困惑和烦恼，由年级或者是班级几位同学进行收集和整理，这种方式可以消除学生对隐私泄露的担忧和顾虑；第二步，将收集整理的咨询信件以随机分发方式再发给每一位参与者，这样每位参与者都可以收到一封他人的咨询信，根据咨询信上的困惑，通过自己的理解写下自己的建议；第三步，将同学们写好建议之后的信根据每位同学对应的代号反馈给每一位同学；第四步，对反馈回来的各种建议进行归纳总结，提炼出比较典型的案例，然后组织小组讨论这些案例，以提高每位参与者对这些问题的认识。朋辈心理互助是指同龄人之间进行的心理辅导。具体做法是学校面向学生群体招募朋辈辅导员，学生自愿报名参加，对招募来的符合基本要求的志愿者进行系统专业培训，经考核合格后，这些志愿者根据自己所掌握的专业知识为需要帮助的学生提供一些专业性的建议或指导，使受助者开阔思维、缓解压力，摆脱心理困境。

第五章
新媒体环境下高校教育教学改革研究

第一节　翻转课堂与高校教育教学改革

"翻转课堂"作为一种网络新兴互动式教学模式已经运用到国内外教学当中。高校教师应借助国内外一流的教学资源，借用新媒体协助设计高校课堂教学的新模式，实现高校课程教学模式改革。本节介绍了翻转课堂的由来和发展，以及翻转课堂在目前高校教学中的应用情况，提出了翻转课堂在高校教学中的教学模式设计及一些思考。

一、翻转课堂在高校教学模式应用的必要性

（一）教育信息化大背景

教育信息化是国内各所高校教学改革的重要方向，改革要求高校教育与现代信息技术密切结合，深化高校教学模式改革。现代信息技术的发展为微课、慕课等翻转课堂新模式的推行提供了有力的技术保障。信息技术的飞速发展也使得学生不仅满足于用传统的施教方式"啃书本"，"填鸭式"灌输知识，应付式对待考试，因此，高校教学模式改革迫在眉睫，教育现

代化为翻转课堂的推行提供了信息技术保障。

（二）以学生为中心的教学理念的推广

传统的教学模式多是以教师为中心，但是随着教学改革的步步深入，随着以信息化技术为代表的现代科学技术日新月异地发展，教育界的声音普遍转向了"学生才是课堂的主体和中心"，教师仅是整个教学过程中的指导者、引路人、评价者，学生才是知识的探索者、主动参与者。但是，学生探索知识的过程需要教师的指引、带领，这样才能少走弯路，顺利完成学习任务和目标。因此，教师如何将以学生为中心的教学理念在课堂教学中很好地加以运用成了每位教师都应该认真思考的问题。翻转课堂为实现以学生为中心提供了很好的教学模式。

（三）学生的学习习惯和学习要求的改变

随着互联网技术的发展，计算机、平板电脑、智能手机等新科技产品的普及，学生的学习方式、学习习惯和学习要求都发生了很大的改变。学生的学习不再仅依靠书本，而是会运用互联网、电脑、智能手机、学习软件、社交软件等来辅助学习，达到更好的学习效果。单一的书本知识很难吸引经常在网络上接受立体化呈现信息的当代高校在读学生。翻转课堂可以激发学生的学习潜能和积极性，顺应学生运用互联网和现代信息技术设备学习的潮流，达到更好的学习效果。知识的输入，特别是重点难点的输入可以让学生自学完成；知识的输出，可以在课堂完成，教师在课堂内外给予指导和及时评价，以适应学生的学习兴趣和学习方式的转变。

二、翻转课堂在目前高校教学中的应用

现阶段，高校教学翻转课堂大致可分为两个阶段——课堂前与课堂上。笔者认为在大学的教学过程中可运用翻转课堂，将其更具体地分为以下三

个阶段：上课前、上课中和上课后。

（一）上课前

第一，向学生公布并仔细分析课程学习任务书，使学生明确了解所学课程的教学目标和学习目标。第二，考虑到学生为不同学习基础的教学对象，可以初步尝试分层教学，因此，课程教师通过网络收集好课程相关学习资料后，还要根据学习资料的难易程度将教学视频进行难易程度的分类。在要求学生观看学习视频的同时，教师要根据教学目标给学生布置相关学习任务，并要求学生自我检查学习任务完成情况。第三，教师要求学生在观看视频学习的过程中做相关笔记，总结知识点并记录学习疑问以供课堂讨论，发现学习中的重难点。学习视频的收集可以通过各系及教研组集体备课时，由备课组组长进行分工，教师利用课余时间收集完成，再开会进行讨论、分类，最后确定每门课程的视频学习资料。

（二）上课中

上课前，教师已经将教学重要内容通过网络方式把学习视频传递给了学生，在课堂上需要对学生课前的自学视频的学习效果进行测评和评价。根据对测评结果的评价、分析、总结，组织学生对课前视频学习没弄懂的地方提问，在课堂上完成相关课程的教学目标和教学任务。课堂上，教师还可以提供一些跟学习内容的重难点相关的问题，学生容易混淆的问题，以及考试常考的问题，作为课堂教学内容的补充，鼓励学生思考问题，并引导学生自己找到答案，这样课堂重难点知识就更容易被学生掌握消化。

（三）上课后

每次上课后，教师可借助信息化网络手段，如短信、QQ、邮件、微信等手段，与学生联系沟通，获得学生的反馈，了解学生存在的疑问，教师可以得知学生对哪些知识还存在疑问，同时反思自己的课程安排和设计，不断完善授课教学视频的选择及教学方式和手段，使翻转课堂的效果越来越好。学院可以要求各系各课程教师建立 QQ 群或者微信群，方便师生课内外各种形式的交流沟通和学习。在互联网平台上，各任课教师上传各种音频、视频资料，包括 PPT 和 Word 文档，讲解具体的知识难点和重点。教师多和学生通过互联网平台交流沟通，更容易让学生对教师产生信任，激发学生的学习兴趣，培养师生感情，形成更好的师生关系，从而获得更好的教学效果。

三、翻转课堂在高校教学中的教学模式设计

（一）翻转课堂体现新的教学结构和教学理念

翻转课堂更注重学习过程，由先教后学转为先学后教，对学习结果的测评采取了结合网络手段等更为灵活的方式进行。课前，教师收集课堂教学相关视频，并对视频进行分类，根据视频的难易程度，在教学中实现分层教学，并在课堂教学中对所有学生进行统一指导。具体知识点的传授是学生在课前自己完成的，课前教师不仅需要提供各类视频资料给学生课前自学，还要对学生的学习通过微信、QQ、短消息等方式进行在线指导。知识点的吸收消化、疑难解答是在课堂上通过师生互动完成的。翻转课堂新的教学结构包括教师与学生的沟通、学生相互之间的沟通，提高了沟通效率和效果。

（二）微视频

微视频的录制需要考虑教学目标、教学设计、教学重难点、学生的分层情况、练习作业、考试方式等，因此，个别体现教学特色的视频可以由

教师个人来设计完成，但是通常情况下，整门课程的微视频系列可以通过学院集体购买或者共同分工完成。翻转课堂不能仅理解为"课前观看微视频＋课中讨论"。

（三）高校课程翻转课堂的整体设计

学院想要通过翻转课堂提高教学质量，需要对学院所开设的所有课程组织进行统一设计，而不是任由各个课程单独自行组织。教学设计上，上课前，学生首先要观看教学视频，然后要进行有导向性的练习；上课中，学生先要快速完成少量的测验，接下来通过解决问题来完成知识的内化；上课后，要进行总结和反馈。

（四）教学策略设计

准时评价策略。教师对翻转课堂课程的评价可以通过网络形式完成，也可以通过其他方式完成，如课堂提问、每周或每月小测验、课后练习、听写等。准时评价策略能使教师非常及时地了解学生掌握知识的程度，并及时调整教学设计和教学进度，以达到更好的教学效果。教师可以将整个翻转课堂全部在课堂完成，尽量不占用或者少占用学生课外时间，课堂上就给出时间让学生自学教学内容，自学方法包括手机网络查询、教师播放教学视频、小组分工合作查阅参考资料等，自学时间结束后，教师再对知识重难点进行讲解、总结，并对学生的表现进行及时的教学评价，这种新型的课堂教学模式就是课内翻转。这种课内翻转模式和平常理解的翻转课堂模式的区别在于翻转所需的时间更集中和有限，不需要利用课外时间进行学习，占用学生课外时间较少。

四、在高校课程中实施翻转课堂的一些思考

对所有课程应该进行统一设计，而不是某节课某位教师的单独调整。

整门课程的整体统筹规划很重要，因为学生每天高效学习、集中精力学习的时间是非常有限的，假设学生一天学习所学的每门课程都有翻转课堂的课外学习任务，作为学生就会明显感觉学习负担很重，最终可能会严重影响学生的学习效果。因此，要对教师布置的视频文件所需要的时间总量进行科学控制。课前的观看视频，是为了课堂效果更好，课堂效率更高。因此，课前视频的选择一定要谨慎，内容恰当，数量合适，这样才能够很好地为课堂教学质量铺路。

可以发挥整个高校优秀专业的优势，借助专业的教学设计团队来设计优质教学资源，通过共享优质教学资源，使更多优质教学资源进入实施翻转课堂的学校和专业。这种共享合作的模式既可以保证微课程的质量，又可以保证教师将更多的精力投入翻转课堂的其他教学设计过程（如课堂组织、课堂交流、课堂评价等）中去。翻转课堂的教学质量得以保证，才能促进翻转课堂的普及及其发展。

第二节　新媒体与高校课堂讨论式教学

课堂讨论式教学模式在我国高等院校课堂教学中越来越受到重视。新媒体技术的出现和快速发展对高校课堂讨论式教学模式产生了重大影响，特别是对高校课堂讨论式教学中教师的角色转换、学生主体地位的塑造，以及教学内容的数量、选择、构成和获取方式影响很大。

课堂教学是大学教学的主要组织形式，课堂教学的有效运行离不开教师、学生、教学内容等构成高校课堂教学系统的核心要素之间的有机结合与相互作用。随着新媒体的出现与快速发展，传统的高校讨论式教学模式面临严峻挑战。本节将研究新媒体对高校课堂讨论式教学模式核心要素，即教师、学生和教学内容的影响，以期对当下我国高校的课堂教学改革有所帮助。

一、新媒体对高校课堂讨论式教学模式中教师的影响

高校课堂讨论式教学模式是以课堂讨论为主导的教学模式，因此，怎样组织课堂讨论、怎样保证课堂讨论有效进行是高校课堂讨论式教学模式的中心环节。一般来说，有效的课堂讨论式教学模式的运行可以分为三个主要阶段，即讨论前准备、正式讨论、总结评价。在这三个阶段中，教师的作用体现为确定讨论目的，选择讨论题目，制定讨论规则，选择讨论方式，组织、引导、控制讨论过程以及及时总结评价讨论结果。显然，在高校课堂讨论式教学模式中，教师的角色已经由传统课堂教学的纯粹知识传授者（兼具管理者与权威者角色），演变为课堂教学的组织者、引导者、启发者和评价者。高校课堂讨论式教学模式改变了传统教学模式中教师和学生的地位，强调了学生在学习过程中的主体性作用。该模式要求整个教学过程都要在教师的具体指导下，充分发挥学生的学习能动性，让学生通过自我学习、自我教育、自我提高来获取知识，强化能力的培养。这种教学模式把学习的主动权交给了学生，而教师的指导则表现为示范性讲授、平时启发思维、解析疑难等。

新媒体出现以后，新媒体所具有的交互性、即时性、开放性、个性化、分众性、融合性，以及信息的海量性、易于传播、检索便捷等特征促进了上述高校教师角色的转化。

首先，新媒体技术的发展把人类带进了所谓的"大数据时代"。在这一时代，互联网储存了海量信息，高校学生借助新媒体技术可以在任何时间和地点轻易获取信息。这种情况从根本上打破了传统媒体时代教师垄断知识的局面，使教师在课堂上仅作为知识传授者的中介角色不得不发生改变，即教师在课堂上需从文化知识的传播者转变为课堂教学的组织者、引导者、启发者、评价者及学习和创新能力的培育者，从而加速了高校课堂教学模式从以教师为中心向以学生为中心的转变，为高校课堂讨论式教学模式成为主流教学模式奠定了技术前提。

其次，在新媒体时代，为了保证课堂讨论的顺利进行，高校教师还应成为学生信息能力的培育者。在当今新媒体技术迅速发展和信息资源激增的环境下，高校学生在准备课堂讨论过程中面临着不同种类的、数量巨大的信息选择。他们可以通过图书馆信息中心、互联网等去获取信息，但这些信息往往以未经过滤的形式传递给个人，使高校学生对其真实性、合法性和可靠性产生怀疑，信息质量的不确定性和数量的日益膨胀对大学生认识、评价信息提出了新的挑战。如果没有有效获取、甄别和利用信息所必备的能力，高校学生将无法准备课堂讨论材料和参与课堂讨论。因此，高校教师有义务通过调动学生的学习主动性和积极性，提高他们的信息素养和获取信息的能力，以及充分利用信息资源快速高效地解决问题的能力。

最后，高校教师还应该是新媒体技术进入讨论式课堂教学实践的先行者和倡导者。新媒体技术发展使随时上网、即时交流变得容易，微博、微信等工具产生以来，在高校学生群体中受到了热烈的欢迎，它们提供了平等、开放的人际交流平台，符合高校学生渴望受到关注、乐于展示自我的个性化需要。此外，随着校园网络的建设与完善，高校学生上网方式趋向多元化，除了电脑外，还可以使用 iPad、手机等设备轻松便捷地上网发布信息和接受信息，进行互动交流。这些都将新媒体技术引入高校课堂讨论式教学实践成为可能。这就要求教师不仅要具有良好的专业知识和课堂讲授方法，同时还要能够娴熟地使用各种新媒体技术，包括自行设计结构清晰、内容丰富、趣味性和互动性强的教学课件（如网页文件、演示文稿、动画课件等）；利用微博、微信等工具提供的网络空间，发布各种学习资源，除了提供各种参考资料的链接，还可以向学生提供更多的课堂讨论主题的背景资料。借助微博等新媒体平台可以要求学生开展课前预习、开放式讨论、课后巩固、教学反馈等一系列的教学活动。教师还可以利用新媒体技术创设各种教学情境，调动学生的多种感官功能，使学生的学习更加直观、形象。

二、新媒体对高校课堂讨论式教学模式中学生的影响

高校课堂讨论式教学模式不仅使教师在课堂教学中的角色和地位发生变化，也改变了课堂教学中学生纯粹、被动和机械的知识接受者的地位。在课堂讨论式教学模式下，教师由台前退居幕后，学生在讨论中成为主角。教师的大量工作从课堂的讲授转变成课前的教学情境设计和讨论的组织与评定，给学生提供了更多选择、参与课堂教学活动的机会，拓宽了学生阅读、独立思考的空间，在最大限度上促进学生对学术问题和未知世界的自由探索，激发学生自主学习的兴趣和主动学习的热情，培养学生的创新意识、研究能力和合作精神。用一句话来说，高校课堂讨论式教学模式大大提高了学生在课堂教学过程中的主体地位，新媒体的出现则使大学生的这种主体地位得到了加强。

首先，新媒体技术提高了高校学生对课堂讨论式教学的参与度，主要表现为三点。第一，在高校课堂讨论式教学模式下，为了保证课堂讨论的有效进行，学生需对所要讨论的问题进行充分了解。当教师确定完讨论主题后，学生需围绕讨论主题自主查找、分析资料。新媒体技术所具有的信息海量、易于传播、检索便捷等特征，为大学生自主查找资料提供了可能和多种渠道。课堂讨论式教学活动需要的资料和信息，很大一部分可以通过网络直接获得，大大节省了查找资料的时间，提高了学习效率。第二，提高了高校学生参与课堂讨论的积极性和主动性。高校课堂讨论式教学整个过程以问题的提出与解决为始终，能够诱发学生强烈的求知欲和高涨的学习热情。它符合大学生的心理特征，创造了民主平等的新型师生关系，从而易于调动学生的学习积极性，改变学生在学习中的被动态度，激发学生的学习兴趣，凸显学生的主体性地位，使学生视学习为乐事，主动学、

积极学。新媒体技术由于能提供界面友好、形象直观的交互式学习环境，有利于激发学生的学习兴趣，进行协作学习。学生利用新媒体技术根据自己的兴趣爱好，查看有关背景文化知识、趣闻逸事，有利于提高学习积极性，更有利于学生适应当今信息化的时代。第三，新媒体技术能够创设教学情境，调动学生的多种感官功能，使学生的学习更加直观、形象，有利于教学的开展。利用新媒体工具，教师可以就教学内容设计出富有趣味性、探索性、适应性和开放性的情境性问题，并为学生提供适当的指导，通过精心设置，巧妙地布置学习目标任务，让学生产生认知困惑，通过形成认知冲突提高对新知识、新内容的接受度。

其次，新媒体帮助学生快速实现从被动学习向自主学习角色的转变。现代教育理论认为，教师和学生是教育活动中的两个基本要素，学生是受教育者，但不完全是被动接受教育的，具有主观能动性，一切教育的影响必须发挥学生的主观能动性才能达到预期的效果。课堂讨论式教学模式强调以学生为主体、以教师为指导、以学生自主探索为主线、以问题解决为目标，这与自主学习的含义基本上是一致的。自主学习并不等同于独立学习，其表现为一种自我意识上的主动学习。从学习的角度看，自主学习能对学习的各个方面自觉做出选择和控制。新媒体自由、平等、快捷的传播氛围，引导着大学生分享智慧、探究真理，能够充分地调动学生的主动性和积极性，这也成为自主学习的理想状态。例如，在新媒体环境下，学生自学突破了看书或翻阅笔记获取知识的模式，他们可以根据自己的需要，在合适的时间、合适的地点、合适的条件下，反复利用网络点播、观看多种资源，包括教师的教案、参考资料等丰富的背景资源。同时，可以把有价值的资料下载、复制、加工、打印出来，以便个人保存；也可以自行考试、自己设计、模拟实验、机对机讨论，学生真正成为学习的主人，从而建立一种综合性、创造性、灵活性极强的自主性学习模式。

最后，新媒体技术为大学生的个性化学习提供了条件。个性化学习是以学习者为中心的自主性学习。就大学生的个性化学习而言，学习者本身已经具备主体性学习的意识，其学习行为的自主性尤为明显。大学时期是个性化学习策略实施的最佳阶段。大学生的个性化学习行为可以离开教室，离开专任教师的指导，不受时空限制，学习手段和学习过程更加灵活。只要具备学习资源和学习环境，就可进行自主性的个性化学习。个性化学习注重学生的个性培养，尊重学生个体，充分发挥学生的兴趣特长，为每个学生量身打造不同的学习计划，充分挖掘学生自身的潜力。因此，个性化学习是高校创新型人才培养的必然选择，与高校课堂讨论式教学模式的目标基本一致。

在新媒体环境下，新媒体技术所带来的信息的海量性、易于传播、便于检索等特征使个人可以得到需要的所有信息，个人可以在任何时间和任何地点学习个人掌握学习的主动权和控制权成为现实，这为高校学生的个性化学习创造了条件。在新媒体技术的影响下，海量知识的分享和有效共享成为时代发展的典型特征，知识的获取已经变得非常便利，个性化的资源服务体系已经形成。几乎每所高校都有网络学习资源平台，其中包含文献资料、图书视频、外语学习、专业课程等电子图书馆、电子阅览室学习资源，凡是学生所需的各种资料，高校几乎都会实现资源共享。在新媒体环境下，个性化的学习资源已经创造了按需选学的个性化自主学习条件，个性化的学习环境已经具备。同时，新媒体的普及性、灵活性和互动性使线上线下自主学习可以相互促进、相互渗透，给大学生个性化学习方式提供了多种选择。学生能依据自身需求，与其他人建立起联系，并进行沟通。知识关系网络除了可以建立人际网以外，还可以产生知识语义网络，学生可以根据自己的兴趣、爱好建立一定的学习圈子、兴趣圈子和互助圈子，在这些圈子里可以找到其他的学习者、知识的发布者、媒体的编辑，以及该领域的权威，更重要的是可以和专家交流。同时，圈子内部可以在某个时间内共同确定学习目标、内容和方法，通过圈子内部交流进行评价和反馈，自主控制自己的学习过程。

三、新媒体对高校课堂讨论式教学模式中教学内容的影响

此处的教学内容主要是指高校教师在课堂讨论式教学模式运行过程（讨论前准备、正式讨论和总结评价）中向学生呈现和传递的一切材料和信息。新媒体的出现使传统媒体环境下课堂讨论所涉及的教学内容，无论在数量、选择、构成和获取方式方面都发生了重大变化。

首先，在教学内容的数量方面，新媒体已将人类带进了所谓的大数据时代，信息具有海量性。和传统媒体中报纸、电视、广播的版面或者时间是有限的不同，数字化网络媒体的容量从理论上来说是无限的。互联网不断更新，其网站的内容通常是由普通用户发布，用户既是网站内容的浏览者也是网站内容的制造者，人人都可以成为信息源。网络媒体又具有超文本和超链接功能，可以将各种载体上的信息及各种类型相关信息聚合链接起来，使网络信息的内容在理论上有着无限的扩展性和丰富性。这就注定了其信息空间的无止境，可以满足各方面人士的需求，也为高校教师在课堂讨论式教学中向学生提供更有价值的教学内容和学生的自主学习提供了更多的选择。

其次，在教学内容的选择和构成方面，在传统媒体下，高校课堂讨论式教学模式中的教学内容主要由教师选择并单向提供给学生，学生只是被动的接受者。教师选择的教学内容主要来自由各领域权威者提供内容的图书馆，即使是在 Web1.0 时代，由网络或图书馆提供的教学内容虽然已经实现数字化，但是并没有改变这些教学内容主要由权威者发布和教师选择的性质。随着互联网的深入发展，网站为用户提供了更多参与的机会，例如，维基百科就是典型的用户创造内容的网站，而 Tag 技术（用户设置标签）将传统网站中的信息分类工作直接交给用户来完成。在此情形下，如果教师选择的教学内容来源于网络，教学内容就可能是由权威者和包括学生在

内的普通网民共同提供，只是包括学生在内的普通网民在网络上分享的知识可能仅是针对某个非常具体的知识点或者问题。

最后，新媒体为学生获取课堂讨论的教学内容提供了便利。和传统媒体时代学生获取教学内容主要通过课堂形式不同，借助新媒体技术，学生可以在任何时间、任何地点获取教学内容。例如，在现代网络背景下，学生可以利用即时通信、手机、微博、微信、邮件等随时随地获取教学内容，因此，用户很难察觉到通信对象的终端的变化，这就更有利于师生之间的交互。另外，在现代互联网背景下普通学生也有可能和领域专家交流，学生也更容易参加虚拟的讲座或者会议。

第三节　新媒体环境下的高校教学资源变革

新型的移动互联网与各种智能移动产品在生活中正发挥着越来越重要的作用。新媒体已成为传媒界最火热的话题，同时也成为最流行的生活方式。目前，无论中小学还是高校，都在结合新媒体环境进行教学活动和人才培养，新媒体已对传统的教学模式产生强烈冲击，高校的教学资源正发生着快速变革。因此，如何利用好新媒体的良好发展趋势进行高校教学和人才培养，是现阶段研究中的重要课题。

一、新媒体环境下的高校教学资源变革

（一）新媒体的发展背景

新媒体是随着教育数字化、教育信息化的发展，运用各种各样的媒体技术手段，通过各级各类教育资源的相继融合，快速生长的新型媒介形式。对于新媒体的定义，国内外专家的观点大相径庭。联合国教科文组织曾经对新媒体下过一个定义：新媒体即网络媒体。同时，国内外学者将其定义

为"以数字技术为基础，以网络为载体进行信息传播的媒介"。

与传统媒体相比，新媒体有许多特别之处。首先，新媒体利用图片、声音、视频等手段，全方位地为接受者提供信息原貌，还原最真实清晰的信息；其次，新媒体的传播形式不受时间、地点限制，接受者可通过手机、网络随时随地进行信息接收，及时有效地传播信息；最后，新媒体具有较高的交互性和个性化，人们可根据自身要求对信息进行筛选，通过个人需求制定传播模式并及时反馈，把不同人的不同想法进行汇总，进行思想碰撞，进而产生新的观点和想法。

新媒体的发展推动了终身教育思想，对高校教育、成人教育和社会教育产生了一定影响，尤其凭借其表现性、交互性和智能性丰富了课堂教学，为高校教育带来了巨大改变。

（二）新媒体环境下新技术与高校教学的整合

在传统的高校教育中，教师灌输给学生知识，学生安静地听课，知识仅仅是单向的传递过程。在高校教学中引入新媒体技术，不仅改变了传统的教学方式，同时也为教学资源的建设提供了更广阔的发展前景。

在高校教学研究中，将新媒体技术作为研究的主要对象，对新媒体的分析更加透彻，在看待新媒体技术的问题上也更加全面，使高校教学与新媒体的整合有着更清晰的脉络，高校教学更加多元化。

二、新媒体环境下高校教学资源建设的发展

（一）高校教学资源的表现形式

数字化、信息化形式是新媒体环境下信息资源的主要表现形式。高校的硬件设备齐全、资源多样，如网络教室、语言实验室、微格教学系统、虚拟现实教室等。大学生自主在互联网上进行线上学习，随堂听课、及时

反馈，基于机器进行自动评分和定期开课，利用互联网和 FTP 服务器及 FTP 客户端上交作业，这些都为大学生的学习提供了便利。数字媒体是高校教学资源形态结构的一种类型，新媒体传播技术的发展使信息化教学模式变得可行和现实，把知识传授的过程放在教室外，使学生在课下接受新知识；把知识的内化过程留在教室中，以便上课时能有更多时间进行沟通和交流。教师的责任是解决学生遗留的问题并引导学生运用知识，高校的教学活动存在于一定的时空中，在时间上表现为教学活动的安排方式，空间上表现为教学理论、教学目标、教学活动中的师生地位及其关系。

（二）高校教学资源的交互平台

在网络化的信息交流平台中，信息平台具有融合化、移动化及宽带化特点。线上平台建设很重要，为教学资源共享提供可能的条件，是高校教学资源的基本属性，对于分布不合理的、建设重复的高校资源都能够有效解决，使高校资源配置更加合理，结构资源更加优化，高校教学资源得到充分利用，资源价值得到充分提升。网络的发展及科技的进步也促进了资源的发展，将新媒体教学融入各个领域中，借用信息技术有效传播信息内容。网络平台是交流平台的主体，它决定了信息交流的多维度和自由性，并充分保证了资源共享及教学实践应用。

随着慕课和微课的发展，有效发挥交互平台在教学资源建设中的作用十分重要。教师通过线上教学和远程教学，使学生可以随时随地进行学习、访问，在线把疑难点反馈给教师。这种媒体教学模式是网络教学的一种重要形式，学习者可通过网络随时学习课程，对于不懂的知识，可进行暂停、后退、前进等控制。目前，高校热门课程师资紧缺，基于新媒体技术的实时网络同步授课，可使不同学校之间实现资源共享，获得较好的教学效果。大学生在线学习平台为学生提供了便利，"数字学校"方便了学生查找自己的成绩和复习资料，同学之间也可以相互交流新知识进行学习，真正做到资源共享。

（三）新媒体教学资源促使大学生学习方式发生变革

（1）移动式学习：在 Wi-Fi 及 4G 上网越来越普遍的新媒体传播时代，新媒体使大学生摆脱了时空限制，在课堂以外，随时随地都可利用新媒体工具查阅学习信息，进行资源共享，更好地实现自主学习。

（2）跨国交流：高等教育国际化的趋势不断增强，越来越多的海外学生到中国求学，同时，越来越多的中国学生选择出国留学。在这样的大趋势背景下，大学生应积极增强跨国交流意识，学习跨国交流技巧，最重要的是了解新媒体的特点及信息传播方式，借助新媒体进行跨国信息传播。

（3）微学习：由于新媒体技术的发展，微视频、微课程等微学习方式也如雨后春笋般发展起来，为此，国外许多名校都设立了"微学位"。微学习是一种可利用移动通信设备实现双向交流的学习方式，可实现任何时间、任何地点的学习。微学习提高了学习的时效性，从传统的线性学习方式中跳出，实现了跳跃、无序的学习。

三、新媒体下高校教育资源的利弊

（一）新媒体下高校教育资源的优点

高校应培养具有技术、知识和创新三个方面素养的应用型人才。在新媒体环境下培养应用型人才时，应以技术和知识为主要基础，注重培养创新精神。因此，培养应用型人才必须加强高校教学管理，提高高校课堂的教学质量。运用新媒体环境可以帮助教师更好地完成教学工作，使学生能够更好地自主学习。新媒体的出现，使高校教学资源更加多元化，更利于培养复合型人才。如何将网络正确地引入课堂，不仅是技术问题，还需要考虑如何使教师和学生运用现代新媒体技术更方便快捷地进行学习。这种全新的理念也作用于传统学习方式与媒体手段之间，使传统的"学媒之争"转变为"学媒共存"，在新媒体数字化时代，大学生学习方式依托的多种媒体技术促进了学习模式的变革，目前的大学生更多是通过非正式的学习方式获取知识，这也充分发挥了新媒体在教育中的作用。

（二）新媒体下高校教育资源的不足

新媒体环境是一把"双刃剑"，人们在享受新的科学技术为生活提供便利的同时，也要关注它对大学生产生的危害，大学生是受新媒体环境影响最为严重的群体，这与中国的教育制度有着密切关系。我国学生普遍存在学习压力较大的问题，来自高考的压力使家长尽量制止学生使用互联网和移动终端设备，这使新媒体环境对学生的影响被大大削弱。

在信息时效性极强的今天，我们接收的信息中，80%以上是通过新媒体的传播方式进行传递。新媒体的出现，使大学生从主体逐步转变为个体，越来越多的"宅男""宅女"的出现使大学生的社会主义核心价值观受到冲击。教师上课期间，学生也会被手机等通信设备吸引，频繁用刷微博、刷新闻、聊微信等方式消磨时间。当然，任何事物都有两面性，因此，培养高校大学生对新媒体的正确认识十分重要。

新媒体的普及与应用直接改变了大学生，进而改变了高校教师及其教学资源，以及教学理论和应用。新媒体环境下高校教学研究要提倡师生平等、开放互动式的教学资源创新，培养复合型、全能型人才。此外，在新媒体环境下，要求高校教师在扩大视野的同时要积累和总结教学经验，除了具备开发教学资源的能力，还要适应从主导人到引导人的转变，并在今后的教学实践中探索有效的教学方法。

第四节　新媒体环境下高校思想文化建设

思想文化对于高校的长远发展、日常教学等均具有重要意义。一所高校只有具备良好的文化氛围、正确的思想导向才能培养出一批又一批的优秀人才。然而，近年来新媒体技术不断发展，高校的教学模式也发生了巨大的改变。在本节当中，笔者将从新媒体视角出发，简要研究高校思想文化建设，力求为各高校思想文化的建设提供有效的理论依据。

一、高校思想文化建设的意义

高校思想文化是校内的广大教职工、学生和教师在长期的生活与学习过程中积累下来的。浓厚的文化氛围与正确的思想导向对于高校在校学生的人格塑造、人际交往培养、校内的学风建设等方面均具有重要意义。文化对于每一个人而言均具有潜移默化的重要影响，健康、积极的校园文化对于学生爱国情怀及社会责任感的培养具有重要的推动作用。从学校层面来说，重视高校思想文化建设，对于教学效率、办学质量的提升具有重要的促进作用。因此，各高校应以优秀文化为主导，加强思想文化建设，引领正确风向。

二、新媒体给高校思想文化建设带来的机遇

（一）新媒体为高校思想文化建设提供载体

新媒体相较于传统的传播媒介而言具有多项特点，即信息量大、互动性强、传播速度快等。各高校在进行思想文化建设时，可借助新媒体技术对文字、视频、图片及音频进行整合，以便于文化的传播。以新媒体为载体进行文化传播，不仅能提高传播效率，还能加强文化传播的多元化和感

染力，进而促进教育与文化相融合。举例说明，在新媒体背景下，各高校可以充分利用新媒体技术，对现有文化进行整合，借助电子信息形式将其传送至教育平台，学生可在教育平台上观看这些内容并将其分享给自己的好友。如此一来，不仅能够增强文化的魅力，对学生进行正确的思想引导，文化在传播的过程中也能充分展现其自身价值。

（二）新媒体促进高校文化建设对外开放

在新媒体技术并不发达的时代，社会各界对于高校生活的关注度并不高。而学生生活、教师教学也处于一种相对闭塞的状态，双方的观念无法及时更新，导致高校文化建设效率不高。而新媒体的广泛使用从一定意义上来说，可以被认为是对高校教育管理模式的一种创新，在新媒体背景下，外界信息与高校文化之间实现了无缝连接，二者之间可以相互交流、相互借鉴，高校思想文化建设也逐步呈现出社会化的发展趋势。在实际教学过程中，教师在教授书本知识时可充分结合时事热点、时政新闻等，用现实生活当中发生的案例来进行教学，不仅能够提高学生将所学知识应用于实际的能力，还能让学生与社会接轨、适应现有的社会环境。

三、新媒体背景下高校思想文化建设的策略

（一）促进传统媒体与新媒体融合

新媒体与传统媒体二者各有利弊，因此，在工作过程中我们不能以偏概全，而是要促进二者融合并取长补短，为高校思想文化建设奠定良好的基础。所以，在实际教学过程中，不可因为新媒体的出现便摒弃传统媒体。传统媒体发展至今已有多年历史，它的存在必定有其道理，我们应该借助新媒体技术弥补传统媒体传播的不足之处，推动思想文化建设发展，而非一味否定。在过去，各高校在传播文化时都是以传统文化为基础，在新媒

体时代也需重视传统媒体，推动传统文化与现代文化有效融合，增强中华文化的独特魅力，从文化层面上为学生树立正确的人生导向。此外，新媒体具有较为广阔的发展前景与发展空间，而且新媒体具备自由性、互动性等多项特点，在利用新媒体进行文化传播的过程中难以监管，极易出现一些不健康的负面信息，而这些负面信息会直接影响学生的人生观、价值观，不利于高校的思想文化建设。所以，在新媒体背景下，各高校应对新媒体有详尽的了解，充分分析其优势与弊端，借助新媒体技术为学生树立正确的榜样。不仅要优化新媒体背景下信息传播的环境，更要帮助学生树立正确的是非观，对其上网行为进行规范。也就是说，高校在进行思想文化建设的过程中，应充分认清传统媒体与新媒体二者的特性，并对二者进行有效利用。

（二）把握新媒体思想文化建设的主导权

当今时代，信息技术的发展已逐步完善，在高校的思想文化建设中，新媒体也早已成为不可或缺的重要组成部分。若是能够有效利用新媒体平台，对于高校文化传播及正确思想导向的建立均具有重要意义；而若是未能正确利用新媒体平台，则会对在校学生造成一些负面影响。所以，各高校应该把握新媒体思想文化建设的主导权，借助新媒体平台开展文化活动、专题讲座及志愿服务活动，并将社会主义核心价值观及党的意志贯穿其中，给予学生正确的引导。此外，高校在开展思想文化建设时，还应注重人才培养，向学生传递终身教育理念及素质教育理念。但应注意的是，重视人才培养不仅是要培养学生的综合能力与良好品格，还需教师具备较高的业务能力与专业素养。文化对于学生具有重要的指引作用，因此，在新媒体视角下，有必要培养一批优秀的学生干部和党员干部，杜绝网络上的不良风气，向学生传播正确的价值导向与积极向上的正能量。各高校还可以根据不同学生的实际情况及身心发展的需要，综合新媒体的发展规律，多向学生传递中华传统文化，以便为学生树立正确的价值导向，提高高校思想文化建设的有效性。

（三）树立良好的高校整体形象

无论是国家重点建设院校还是普通高等院校，都需要树立良好的学校整体形象。只有树立了良好的形象、营造了良好的氛围，才能达到教书育人的目的。此外，良好的文化环境对教育活动及相关工作开展也具有重要的推动作用。在新媒体背景下，各行各业的工作节奏都加快了。也正是因为如此，各高校需对校园文化底蕴进行深入挖掘，为在校学生营造特色的学习环境、校园环境，进而推动校园文化的传播，让教师与学生都能够在教与学当中获得归属感和认同感，进而提升教师的教学积极性和学生的学习积极性。在这样良好的氛围中，也更利于学生树立正确的价值导向。再者，打造校园品牌、树立良好的高校整体形象可以无形中推动教学发展、提升教育水平。值得注意的是，在树立良好的高校整体形象的过程中，不能一味注重学校的知名度，应充分综合本校所开设学科的特性，为学生营造良好的学习氛围，提升学生的学习积极性并增强学习动力，为各个行业培养优质人才。比如，各高校可以在学校的公共场所放置雕塑景观，雕塑景观作为一种艺术品具备独特的艺术感染力，可以潜移默化地影响师生的审美情趣和价值观念。在教学之余，各高校还可以定期组织一些校史文化研究活动，充分发挥新媒体平台的优势，推动线下交流与线上互动同时进行，充分调动学生参与的热情，让学生充分了解本校的办学史。

（四）构建主题网站

主题网站是在新媒体背景下延伸出来的一个新名词，主题网站可以有效推动高校优秀文化的传播。新媒体与互联网络一样，是一把"双刃剑"，既有优势又有弊端。无论是校方、学生还是社会人士，都能够在网站自由发表言论，若是在网站出现了不当言论，将会严重影响高校的思想文化建设。所以，各个高校在构建网站之前需充分了解新媒体的优势与弊端，做好信息筛选工作，杜绝不良信息进入学校主题网站。在构建网站之后，学校的学术氛围、教学情况、师资力量等都可以在网站中得以体现，学生也可以就学校工作的遗漏之处提出意见，加强高校思想文化建设的有效性。此外，在主题网站上还可以上传学校的文艺活动图片、视频及社会活动的相关咨询情况，以便吸引学生积极参与网站建设，提升其艺术修养，增加人文关怀。网站还需遵循社会主义核心价值观，传播中国优秀传统文化，弘扬爱国情怀，让每一名学生在结业之后都能积极投身于社会的各项事业建设，宣传先进文化。

要想不断提升高校办学质量、提升教学质量，就需要重视高校思想文化建设的重要作用。新媒体虽有一定的弊端，但也为高校思想文化的建设提供了一个新的平台。所以，各高校应充分分析新媒体的优势与弊端，并结合本校的实际情况对新媒体平台加以利用，推动学校进一步发展，为社会培养更多的优质人才。

第五节　新媒体时代跨文化教学创新

近些年来，我国与全球在经济、文化等领域的联系交互越来越密切，新媒体时代又使不同文化背景的人们互动交际成为可能。新媒体为当代跨文化教学模式创新发展带来了契机，高校应探索、创新跨文化教学模式，培养、增强学生的跨文化交际能力。

新媒体的出现丰富了文化的传播途径，也使文化呈现出多元化的特点，加快了不同地域、不同种族之间的文化碰撞和融合。它借助先进的数字信息技术，以广泛全面的互动传播为特点，为社会各领域的信息传播形式带来新的机遇和挑战，为当代跨文化教育模式创新发展带来了契机。

一、跨文化教学内容、作用和现状

（一）跨文化教学的基本概念

跨文化教学是指对学生进行国内外文化的教学活动，引导学生获得丰富的跨文化知识，养成尊重、宽容、平等、开放的跨文化心态和客观、无偏见的跨文化观念与世界意识，并形成有效的跨文化交往、理解、比较、参照、摄取、舍弃、合作、传播的能力。通过跨文化教学，有助于不同地区间的人员交流。由于不同国家间的文化价值观念、宗教信仰、生活方式等方面的个性特征，在跨文化知识欠缺的情况下，容易在跨文化交际中引发误解、摩擦，有可能无法进行顺利的信息传递，发生不愉快事件。

（二）跨文化教学的作用

跨文化教学能够提升学生的跨文化意识，减少或避免用语失误，增加跨文化内涵，提高跨文化交流中的敏感性。通过跨文化教学，使学生了解目标语言国家的文化背景和传统习惯，增强学生跨文化意识，更好地理解和应用目标语言进行交际。跨文化教学能够有效改善传统目标语言教学模式，在目标语言词汇、语音、语法等传统内容研究的基础上，融入地区相关背景文化知识，有助于学生准确理解语言，避免交流用语失误。

提升学生对目标国家文化内涵的理解能力，增进中外知识交流。通过跨文化教学，使学生能够较为全面地了解目标语言国家的各种文化，诸如目标国家的政治、经济、军事、科技、教育、艺术、历史等，知己知彼，增进国与国之间的文化交流。通过跨文化教学，获取更多的目标语言文化知识，提升学生的目标语言认知能力，帮助学生理解目标语言国家的思维模式。

（三）跨文化教学的现状

教、学两个群体跨文化素养较为薄弱。跨文化素养包括跨文化交际能力、跨文化传播意识跨文化传播能力等。文化已渗透民族和国家的各个方面，国家或地区间在政治、经济合作、军事交流、两国民众交往等任何领域的交流合作无一例外地包含着文化的元素。文化相互包容，而不同的文化包容使世界不同文明成果能够相互交流。

国内仍然以应试教育为主，对文化输入重视程度不够。而教师缺乏相应的跨文化交流经验和培训。跨文化教育内容编制、课程设置、考试考核等流于形式，跨文化意识的培养没有得到足够的重视。而现代社会日益开放，趋于多元，学生应拥有良好的跨文化沟通能力。

跨文化教学内容、手段有待完善。跨文化在各专业课程中内容占比较少，或是尚未与相关课程进行有效融合，使学生在课程理解和接受上存在困难。例如，传统外语教学主要以词语、语法和句式教授为主，跨文化教学手段、教学策略单一，教师与学生的互动性不够，在跨文化知识传授方面深度不够，使部分学生无法准确理解或灵活运用所学知识，在与外国友人的沟通交流中可能出现误解或矛盾。

教学实践活动缺乏。由于跨文化课程主要是选修课，跨文化教学实践活动相对较少，自觉、系统的跨文化教育实践活动几乎没有，日常实践活动主要还是在主干专业学习过程中部分穿插跨文化知识。跨文化实践活动涵盖精神、制度、行为和物质四个层面，此类实践活动可使学生的学习态度从被动、消极转变为积极主动，了解本国与外国文化的差异性，求同存异，加强对本国文化和异国的理解与认同，有利于正确处理由于文化差异产生的矛盾冲突。

应用型人才不足。在世界经济全球化的大背景下，跨国公司中的文化冲突日益增多，企业的发展急需跨文化人才。跨文化能力包括跨文化认知能力、选择能力和传播能力。需要通过各种手段培养学生掌握跨文化能力，培养跨文化应用型人才，具有开阔的国际视野，精确掌握国际经贸知识和跨文化沟通交际能力。

二、新媒体与跨文化教学

（一）新媒体时代的特征

新媒体技术包括数字杂志、社交网络、移动电视、触屏媒体等。由于新媒体具有信息共享、传播能力强、获取信息快捷等特点，它已充分融入人们的现实生活中。由于新媒体具有交互性与即时性、海量性与共享性、新媒体与超文本个性化与社群化的特点，因此，通过网络世界的连接，能将海量的信息以低成本的方式还原到每个个体身上，形成一个虚拟的社会空间，以新媒体为载体，人们犹如自由穿梭于知识的王国。

（二）新媒体对跨文化教学的影响

新媒体创新了跨文化教学的教育途径，跨文化教学丰富了新媒体的教育内涵。2009年12月，英国总领事馆文化教育处发布的全球学生留学决策调查数据显示，自2006年以来，大众传播课程已经连续多年成为最受欢迎的五大课程之一。为适应高等教育新形势，2010年3月，欧文国际教育集团与英国伯明翰传媒学院举行签约仪式，于上海开设新媒体传媒专业。新媒体引发了跨文化教学模式的大爆发。投影仪的使用逐渐代替了黑板，大规模开放在线课堂的产生，也逐渐改变了人们的学习观念，使教与学不再受时间、空间的限制。

三、新媒体时代跨文化教学创新模式研究

（一）强化教、学两个群体的跨文化教授和学习理念

强化教、学两个群体的跨文化教授和学习理念，增强两个群体的跨文化意识，提升跨文化素养。不同国家之间在政治、历史、生活、思维模式等各方面有着许多差异，教师应通过丰富多样的跨文化教学，积极了解跨文化知识，开阔视野，从而不断提升自身的跨文化教学水平。学生群体应认识到跨文化教学的重要价值，端正学习态度，发挥主观能动性，通过微博、微信公众号等自媒体主动学习国内外文化知识，培养自身的跨文化思维。

在语言教学、历史、哲学、政治、经济等科目的教学工作中，加强教师、学生群体对跨文化的重要性认知；教师在课堂授课时采用小品、短视频、PPT 演讲等方式，将东西方文化融合并加以比较，培养学生的学习兴趣，并形成教、学两个群体的积极互动，贯穿整个教学进程，使双方都能深层地掌握跨文化知识。

（二）制定教学目标，丰富跨文化教学内容

以提高学生跨文化素养，扎实本专业理论知识，适度培养应用型、综合型、具有跨文化能力人才为目标，科学、合理地设置跨文化教学课程，有效培养学生跨文化交际能力。

跨文化专业课程内容应涵盖目标国家的人文地理、政治历史、科技文化、民族特性、传统礼仪、风俗习惯等文化背景知识，联合其他学科的教师，开展多学科教学。通过讲座，向学生全面介绍目标国家的民族特性、文化特点、风俗习惯等，使学生总体把握和了解目标国家。结合学校实际条件，教师可开设诸如英美文学欣赏、英美社会与文化、中西方文化对比

等课程，品味和体验中外文化在各个方面的异同。将必修课和选修课相结合，传授跨文化背景知识和跨文化交际技能。在课外学生可参与课外阅读、外语角、电影电视观看、拍摄短视频等。

（三）充分利用新媒体技术实现个性化教学

当现实社会中处于不同国度，拥有不同文化背景的人，通过网络的虚拟社会而紧密联系在一起时，知识的交流也就变得便捷起来。例如，高校教师可将教学内容录制成影音视频，制作成网络在线课堂，学生可根据自己的时间自主完成学习。以往对于那些在普通高校就读的学生而言，名校名师的讲堂是遥不可及的，而现在拥有丰富优质教育资源的高校可将名师讲堂制作成网络课堂分享，让普通高校，特别是教育资源落后地区的学生也能得到好的教学机会。

由于新媒体让知识的交流变得即时，高校应重视培养教师的跨文化素养，可组织教师对外国先进知识、研究成果、语言、哲学、风俗等的学习及进修，培养具有良好跨文化素养的师资队伍。高校还可开展面向外国学生的网络课程。外国学生可在网上完成自主学习和考核，满足学分之后可为其发放学位证，同时鼓励我国学生积极参与这种跨国教育，实现跨文化交际。特别是对于外语课程的学习，利用新媒体可改变应试教育产生的"哑巴英语"现象，实现一对一与外国人交流学习，让学生学到最标准的发音，或利用网络课堂直接与国外的教师进行一对一交流学习，让跨文化学习不再是为了应试，而是能够充分应用于实践。

第六章
新媒体环境下高校教学管理创新

第一节　新媒体高校教学管理创新的必要性

高校教学管理是一项重要又复杂的工作。近年来，随着教育体制的不断深化发展，对高校教学管理进行不断创新已是必然趋势。本节以高校教学管理创新必要性为切入点，重点对高校教学管理创新的对策进行详细探究，从而促使高校教学管理迈上一个新台阶。

建设创新型国家是我国提出的新型战略方针。如何实现创新型国家，关键在于创新型人才的培养与储备。高校作为创新型人才培养的重要阵地，对创新型人才的培养成为高校教育教学管理的重中之重。

一、高校教学管理创新发展的必要性认识

随着教育体制不断深化发展，培养创新型人才成为高校首要的教育工作。高校教学管理的创新不仅是时代的发展需要，更是国家建设的需要。另外，受市场经济体制的影响，高校不断发展进步，必须进行教学管理的创新工作。新时期高校教学管理创新的必要性主要包含以下三个方面的内容。

（一）高等教育大众化发展的迫切需要

近年来，我国各大高校每年招生规模都在不断扩大，我国高等教育从精英教育向大众化教育发展。正因为招生规模不断扩大，高校面积不断扩张，原本简单的教学管理工作变得越来越复杂。但是，对于现阶段的高校教育来说，这是新时代发展的必然产物，也是社会不断进步的体现。因此，为了使高校教育跟上时代的发展，必须对高校教学管理不断进行创新。受市场机制的影响，部分高校只追求学生数量的扩大，忽视对学生质量的要求，导致课程教育、教学等都与社会发展需求相背离，培养人才技能结构过于传统。虽然近年来大学生毕业人数不断增加，但是真正就业步入社会后，一些高校学生所学的专业无法和社会需求相挂钩，不仅学生的就业质量得不到保障，还造成教育资源和人力资源的浪费。

（二）高校自身发展变化的迫切需要

近年来，我国大部分高校招生力度不断加大，校区规模不断扩张，其中还有不少高校，在本校区以外建立分校区，教学管理工作只能跨校区进行。如此一来，想要实现规范统一的教学管理必然有一定的困难。教学资源分散，管理难度增加，管理效率低下，诸如此类问题的存在，成为高校教学管理创新工作中必须解决的问题。传统教学管理模式与经验已然不适用于现今的跨校区、多校区教学。新时期新背景下，对高校教学管理进行创新已成为高校自身发展的必然需求。

（三）高素质、创新型人才培养的迫切需要

自 21 世纪以来，世界各国综合国力的比拼越来越白热化，而有效提高综合国力的关键在于科技实力的提高和创新型人才的培养。高校作为培养人才的主要场所，学生的创新教育成为重中之重。因此，高校首先应该改

变思想，重新审视传统的教育理念，重新制定创新型人才的培养目标；其次要从教学管理制度入手，对专业设置、人才培养目标重新进行创新性定位，优化现有的教学管理制度，制定满足培养学生实践能力、创新精神和创业能力的教学管理制度。高校教师在教学过程中要充分考虑并尊重学生的个性差异，懂得因材施教。另外，还要注重学生的个性化发展，培养学生的自主学习能力，并为学生自主学习创造有利的环境和氛围，采取灵活多变的教学方式，充分为学生的实践活动提供指导，从单一的课堂教学转变为教学竞赛一体化的教学模式，充分发挥学生的主体作用，把教学的主体由教师向学生转变，从而为社会培养出更多的创新型人才。

二、高校教学管理创新性对策研究

教学管理工作作为高校工作的重中之重，若要实现高校教学管理的创新，就要立足实际全面分析问题，并从整体入手进行优化，既要坚持传统却行之有效的管理模式与经验，又不排斥学习引进先进的管理方式。对此，笔者提出以下四点建议以完善高校教学管理的创新性改革。

（一）坚持以人为本、以学生为本的指导思想

理念是行为的主导，正确的理念能够引导人们在正确的道路上前进。对教育实施者的行为产生影响，对教学内容、课程设置、教学方法、教育目的乃至师生关系也有影响。高校的教学管理创新，归根结底是教学管理理念的创新，革新教育管理理念是根本。其科学发展的核心就是以人为本，国家发展是这样，高校教学也是这样。在高校教育过程中，坚持以人为本就是以学生为本，所有教学管理工作都要秉承"一切为了学生、为了学生的一切、为了一切的学生"的管理原则，将人文关怀渗透日常教学与管理活动中，尽可能凸显教育方法的开放性与灵活性，最大限度地保留大学生的个性差异，让他们在高校中培养出强大的自主学习意识和创新创造能力，

使学生成为社会发展与国家进步所需要的优秀创新型人才。

（二）加强教育者自我学习，提升整体管理能力

加强对高校教学人员的管理，不断提高管理人员的整体工作水平，主要包括三个方面。第一，思想政治修养的加强。高校作为文化传播的重要场所，身上肩负着培养人才、发展科学和社会服务的重担。因此，高校教学人员首先要具备高度的责任心，用严谨认真负责的态度对待工作，这才是高校教学管理创新性发展的前提。第二，掌握现代教学管理的理论知识。为了提高高校的教育管理水平与教学质量，每一位高校教学人员都应该全面掌握现代教育理论知识，尤其是对教育心理学、教育管理学等方面的学习，还要对教育教学管理制度有充分的了解，才能保证教学管理工作顺利开展。第三，高校教学人员应该具备创新能力和创新意识。为了高校更好地发展，教育不断改革，具备创新能力和创新意识是不可忽视的重要内容，只有具备这两方面能力，才能为高校建言献策，提出新的发展方向，为高校创新性发展提供实践理论基础。只有在创新的道路上不断前进，找出适合自身的发展道路，才能使学生个性化发展得到保证，才是不断提高学生学习积极性的基础。在如今"互联网＋"的时代背景下，对高校教学人员提出了更高的技能要求，网络、电脑、智能手机等都成为教学管理工作的重要工具。这就要求高校教学人员在工作中自觉地学习，积极发挥创新意识，多掌握一些网络技术，不仅工作效率能得到保证，而且能保证各项教学工作的准确率。

（三）充分发挥双效激励机制

充分发挥双效激励机制，该激励制度不仅是教师积极参与教学管理的基础条件，同时还是激发学生主动学习的动力。双效其一是对教师的激励机制。高校要进一步完善针对教师所实施的各类福利政策，让教育者毫

无后顾之忧地投身教学工作。一方面要不断加大课时津贴、教学奖励等福利政策的实施力度；另一方面要鼓励高校教育者将个人兴趣融入教学活动中，改变重科研、轻教学的倾向，做到教学与科研两手都要抓、两手同时抓，为教师努力营造出公平合理的教学管理氛围。双效其二是对受教者——学生的激励机制。充分发挥对学生的激励机制，是提高学生学习积极性与创新性最行之有效的措施。首先，引导学生提高自主学习能力及创新能力。高校要给学生创造出良好的学习氛围，引导学生树立正确的人生观、世界观和价值观。其次，高校要多途径、多方面为优秀学生搭建创新平台，学生接受教育的场所不再单一地局限于课堂，通过诸如课程实践、实习、竞赛等多途径为学生发展提供机会。最后，建立学生参与教学的管理制度，让学生通过校方的正规途径充分了解学校、学院在教学管理方面的创新性工作，从而更好地发挥学生的主观能动性。面对新时期的高校发展，建立双效激励机制已是必然趋势，要支持教育者与受教者的工作与学习，让教与学在高校教学中发挥出最大的功效与潜力，从而达到教学目标的最优化。

（四）深化教学管理体制创新

为了满足新时期我国经济体制的发展需求，教育体制要适时地进行相应改革与创新。学校主要进行宏观政策、机制上的调整，进行相应评估检查，各个学院的主要职责是对教学过程和教学质量进行监管。因此，高校教学管理重心要下移。首先，高校要改变传统专业课程的设置模式，让全体教师都主动参与到教育教学的改革、学生课程的培养方案优化工作中，不仅能发挥出教师的各自优势，还能节约高校教育资源；其次，完善高校教学管理中校、院两级分级管理模式，重点强调院系教学管理的主体地位，明确其中的权利与责任；最后，建立更加科学的学分制度，努力促进高校教育思想、教育观念、教学模式、教学内容与方法的变革。

高校教学管理创新工作是大势所趋，必须凝聚国家、高校和社会各界的力量共同协同完成，秉承以人为本的科学发展理念，努力提高自身的管理能力，充分发挥双效激励机制，努力深化教学管理体制创新，为高校教学管理创新迈上新台阶奠定坚实的基础。

第二节 新媒体环境下高校教学管理创新发展

高校教学管理创新发展是时代变革发展的必然趋势。高校教学管理现状主要表现为对教学管理工作认识程度不够、教学管理数字化程度相对薄弱。建立以人为本的现代高校教学管理理念，构建高校教学管理网络信息化运行机制，开展精细化高校教学管理模式是高校教学管理创新发展的有效途径。

随着我国科教兴国战略的推进实施，高等教育事业实现深刻变革与巨大发展。适应时代发展需要，是我国高等教育改革与发展的基本目标与要求。高校教学管理工作是高校管理工作的核心内容，是高校培养高质量人才服务社会的重要保障。根据现阶段我国高等教育发展的实际情况和发展特点，国家教育相关管理部门对高校的教育管理已经提出了新要求，尽管我国高等教育发展过程中对教学管理作出了相应的改革，但在应对新形势下的高校教育教学中面临的问题还存在着部分限制解决因素，在一定程度上影响了教学质量的提高。因此，改革、创新教学管理模式是我国高等教育适应时代发展的现实要求。

一、高校教学管理创新发展的必要性

（一）高校教学管理创新是时代变革发展的必然趋势

步入 21 世纪后，社会改革发展使社会政治、经济、文化、教育等方面都发生了巨大变化。高校作为社会发展输送人才的主要阵地，根据时代变革特点打破原有的教育管理模式，提升教育质量是高校教学管理创新发展的基本原则。相关资料数据统计，与改革开放初期我国专业教师人数相比，现今的师资数量及结构发生了巨大变革，中青年教师及青年教师成为师资结构的主要组成部分。随着时代的发展，如此庞大的教师队伍是高校教学管理进行创新改革所要考虑的重要层面。2016 年 6 月，教育部下发的《教育部关于中央部门所属高校深化教育教学改革的指导意见》明确指出，提高人才培养质量是高等教育的核心任务，深化教育教学改革是新时期高等教育发展的强大动力。当前，在高校教学管理中，深入推进信息技术与教育教学管理深度融合是时代变革中教学管理创新发展的必然趋势。

（二）互联网技术普及应用为高校教学管理提供新契机

随着互联网信息技术的不断发展，当前社会已经进入信息时代，互联网的普及已经成为社会发展的趋势并逐步应用于各领域。因此，建设以互联网应用为基础的网络信息化管理是高校教学管理改革的重要途径。互联网技术的应用可以使管理方面更为精准化、人性化、集约化，高校在教学管理中运用互联网进行多种信息传播将更为技术化，在操作过程中精准程度将大幅度提高。同时，在劳动强度方面可以极大地减轻工作人员的工作量，提高日常教学管理的工作效率。高校通过互联网技术与高校管理服务体系的深度结合，利用互联网带来的公共数据资源的开放获取优势，可以形成在线一体化公共服务体系，将服务资源进行有效整合，实现数字化及智能化的高校教学管理服务模式。

二、高校教学管理创新发展的有效途径

（一）建立以人为本的现代高校教学管理理念

高校教学管理的本质就是在教师从事教育教学过程中尽可能地进行辅助服务，以人为本的现代教学管理新理念其核心就是围绕教师和学生通过使用科学的管理模式对学生及教师开展教学管理工作，与传统的管理模式相比，弱化了以理性为中心开展管理工作，是当前高校教学管理改革发展的必然趋势。一方面，高校管理人员通过加强自我服务意识的提升，对学生及专业教师的个性化需求给予最大化的满足，在教学、科研及服务管理过程中做到规范管理、人性管理和民主管理，切实做到以人为本，突出人性化的教育管理理念；另一方面，要重视学生的地位。学生是高校教学管理内容的重要组成部分，发挥学生的主观能动性可以激发学生的学习兴趣，进而提高教师的教学效果，达到人才培养的最终目的。

（二）构建高校教学管理网络信息化运行机制

"互联网+"与高校教学管理工作的紧密融合使信息资源高度共享得以实现。高校网络信息化运行是为学生及教师办理日常事务提供服务的最简化途径。应用教学管理信息化系统是高校进行网络化办公的主要方式。提高高校教师及学生对教学管理信息化系统的使用效率是构建高校教学管理网络信息化运行机制的根本目的。积极引导高校学生正确、快速地使用高校教学管理系统，减少现场办公环节，可以提高高校教学管理工作的效率。同时，在完善教学评价过程中，网络信息化提供的大数据可以及时分析教学过程中发现的各类问题，教师通过数据分析结果及时调整教学内容，最终会促进整体教学效果的提高。高校教学管理在大数据的支撑下可以从宏观向微观转变，对群体的分析与观察逐步转向个体，在分析具体学生

的反馈数据基础上进行实时跟踪，以实现高校教学管理质量的显著提升。

（三）开展精细化高校教学管理模式

精细化管理模主要是通过细化分工实现最佳管理效果的一种职责明确化方式。在高校的教学管理中，开展精细化教学管理是高校教学管理创新发展的有效途径。高校的精细化管理模式主要是通过对正常运行的教学管理的各个主要环节进行合理策划、精心组织，紧扣管理中的实际情况，依据以人为本的主要原则加强管理力度，实现教学管理从量的改变到质的提升。一方面，通过精细化管理加强高校管理工作人员的素质提升。制订精细化的教学管理工作人员素质提升计划对其展开培训。利用聘请专家进行专业化讲座及参观培训的方式，对精细化管理相关实践技能开展有效学习，逐步掌握流程化的管理技巧。另一方面，要构建精细化考核监控体系。通过精细化的管理考核体系可以激发高校管理工作者的工作情绪，调动其积极性和主动性，同时在不断完善的奖惩机制过程中，激励教学管理人员不断改革创新。

第三节 "互联网+"时代高校教学管理的创新

随着网络信息技术的发展和高校教学改革的不断深入，高校教学管理信息化建设在资金、人员、教学管理软件及教学评价标准方面都跟不上发展的速度。高校要想进一步提升教学管理的科学化和现代化水平，就要在电子教务管理系统、管理人员信息素养、筹资渠道、教学管理软件、教学评价机制、可持续发展等方面积极探索教学管理信息化建设的新路径。

高校教学管理信息化是高校利用先进的计算机、数据库和网络技术，实现教学信息的资源共享，使传统的教学管理向规范化、科学化、数字化和网络化发展，最终形成与高校教学管理发展并存又相互作用的虚拟教学管理系统。近几年来，随着现代信息技术的飞速发展和网络基础设施的不断完善，高校教学管理信息化建设取得了重大进展，采用信息技术运行的各种教学管理信息系统更是得到了广泛的应用，促进了从宏观到微观的高等教育管理体制的改革与创新。

一、网络时代高校教学管理信息化建设的背景

随着科学技术的进步和全球经济的飞速发展，人类社会已进入一个崭新的信息革命时代，即网络时代，21世纪对高校人才的培养也提出了更高的要求。当前，高校教学管理工作面临着网络新时代发展背景，具体体现在以下三个方面。

第一，网络时代高校教学管理面临着新挑战。21世纪是一个信息技术高速发展的时代，以计算机技术、网络技术及各种新媒体手段为核心的信息技术纷纷出现，并被广泛应用于社会各领域中，成为拓展人类能力的主要工具。在这样的信息化环境下，高校的教学管理工作面临着新的机遇和挑战。一方面，高校可以充分利用现代化的信息教育手段开拓教学管理工作的新局面，促进教学管理理论和方法的创新，提高教学质量，探索与发展全新的教学管理模式；另一方面，高校教学管理在运用各种现代化信息技术教育手段的同时，也面临着科技新发展所带来的各种挑战。例如，各种新媒体及网络技术的购买和维修成本高，对高校的经费投入提出更高的要求；新教学设备的维护工作对专业的技术支持人员提出新的要求。

第二，高校大力推行教学管理改革运动。近年来，我国高等教育事业获得快速发展，学校办学规模不断扩大，在校学生人数持续增加，毛入学率不断提高。我国高等教育已经逐渐由精英教育向大众教育转变，给高校教学管理工作带来了前所未有的压力和挑战，如何确保高等教育教学质

量、防止教学质量滑坡已成为社会各界重点关注的问题。显然，高校过去的传统教学形式和管理体系已经难以适应大众化高等教育的发展。为了应对这种挑战，国内很多高校进行了以选课制、学分制、弹性学制为核心的教学管理改革运动。选课制是学生在一定的规则范围内，自主选择所修的课程。学分制与学年制相对应，以学分考核学生的学业完成情况，用规定的毕业最低总学分来衡量学生的学习量和毕业标准。弹性学制是学分制的另类发展和表现，指学生可以根据自身的条件和特点来安排学习，其最大特点是学习时间的伸缩性、学习过程的实践性及学习内容和学习方式的选择性。这些教学管理改革运动在一定程度上配合了高校教学管理信息化建设的需求。

第三，21世纪对创新型人才的需求。21世纪是知识经济的时代，是全球政治经济一体化、文化多元化的时代，社会、科技、经济等各方面的发展对人才的培养提出了更高的要求。创新能力越来越成为各国衡量人才的首要和关键标准，高素质的创新型人才成为推动社会各领域飞速发展最重要的推动力，能够有效地推进创新型组织及创新型国家的建设。自1995年我国提出科教兴国战略以来，创新人才培养成为国家人才战略的核心，而实施科教兴国和人才强国战略，就必须加强科技创新和教育创新，在社会的各个领域培养出具有国际竞争力的创新型人才已成为我国教育事业的首要目标。清华大学教育研究院发布的"以学习者为中心"的研究报告称，和美国的研究型大学相比，我国的985高校在激发学生自主学习的愿望与能力、提供创新性学习方面表现不佳，"填鸭式"教育现状在我国高校仍未得到根本性改变。因此，在高校建立创新型人才的教学培养模式是我国目前亟待解决的问题。高校要顺应21世纪教育创新发展的需要，实行高效且操作性强的教学管理新模式，注重对学生创新能力和综合素质的培养，充分运用信息技术手段进行教学管理，提高教学管理效率，实施个性化教育，培养创新型人才。

二、网络时代高校教学管理信息化建设存在的问题

在当今的网络时代，虽然高校教学管理信息化在我国越来越受到重视，但是在大多数高校还处于起步阶段，发展不完善，在资金、人员、教学管理软件、教学评价标准等方面还存在很多问题，具体包括以下四个方面。

（1）资金投入不足。教学管理信息化需要有完备的教学设施。虽然高等教育信息化建设的重要性越来越受到各高校领导的普遍认可，但是资金投入不足仍是制约高校信息化发展的因素之一。究其原因，一是由于高校扩大招生规模，高等教育日益大众化，单一的国家财政拨款远不能满足高校发展的需要，教学管理信息化建设上的投入也就相对不足；二是近年来各高校都在加速建设的步伐，将主要经费投入到校园建设、人才培养、教学项目等方面，忽视了教学管理信息化建设；三是教学管理信息化建设中所运用到的多媒体及网络技术的购买和维护成本较高，资金投入总量较大。此外，由于我国区域间经济实力发展的差异，不同地区的高校教学管理信息化发展水平极不平衡，那些经济发展水平较高、经费投入多的高校，教学管理的信息化程度较高，建立了完善的电子教务管理系统。而一些地方性院校、中西部高校，由于经费投入不足，教学管理信息化的进程严重滞后，有些地区甚至缺乏基本的网络教学设备。

（2）相关技术人员队伍建设滞后。高校教学管理信息化的建设过程离不开高素质的专职技术人员的支持，主要表现在教学硬件的维护，以及教学软件的研发方面。然而，高素质的专门技术支持人才的匮乏成为制约我国高校教学信息化发展的又一障碍。在实际工作中，受人员编制、资金投入等因素的影响，在职位设置上，各高校普遍没有专门的技术支持人员岗位，导致信息化的教学设备维护的技术水平较低，教学管理系统的稳定性和安全性得不到保障。在具体教学过程中，经常出现教学设备突发故障时没有专门的技术人员及时进行维护的情况，导致正常的教学活动受到影响。

在教学管理软件的研发上，许多高校由于自身专门的技术支持人员的缺乏，往往单纯依赖外部专业的程序开发人员规划和设计教学软件和系统，导致设计出来的软件和系统出现功能与实际不符或者操作不便等诸多问题。要引起关注的是，教学管理的实践证明，高等教育信息化的建设速度越快，技术支持的问题就越突出。

教学管理人员是高校教学管理工作的组织者和实施者，在具体教学活动中起着至关重要的作用，直接影响教学任务的完成。如今信息化的教学管理环境对教学管理队伍的综合素质提出了更高的要求，信息技术素养越来越受到重视。但是，在招聘教学管理人员时对其素质要求不高，录用后又忽视对他们进行系统性的培训，加之自身传统教学观念的落后，导致高校教学管理人员的信息技术素养普遍不高，不熟悉计算机和多媒体技术的操作，不善于使用网络技术、计算机、互联网等现代信息技术手段去获取、分析、反馈信息及处理繁杂的日常事务性工作，缺乏学习和应用新技术的积极性和主动性，工作效率较低，这些都制约了高校教学管理信息化建设的进一步发展。

（3）缺乏完善的教学管理软件。目前，我国很多高校学籍管理、考务管理、教材管理等信息管理软件已经在实践中得到了应用，在成绩、选课、学生基本信息管理等方面发挥了一定的作用，大大提高了高校教学管理的效率。但是，这些软件大都属于教学管理信息系统的某一局部应用，其开发时间、使用要求及应用水平都呈现出不均衡性。此外，这些教学管理软件大多是各个高校委托专门的技术公司研制或是自行研制开发的，缺乏信息化平台建设统筹规划性。在信息化建设过程中，忽视了教学管理信息化的核心地位，数据共享和传递困难，难以实现资源统一管理的目的。

（4）缺乏支持教学管理信息化的评价标准。随着学生对网上教学平台和电子课件利用率的提高，自助式教学在我国很多高校越来越受到热捧。然而，支持高等教育信息化的教学评价标准尚不成熟，自助式教学的效果如何检验、教师网上答疑、多媒体课件制作如何计算工作量等一系列问题不断涌现，亟须解决。众所周知，教师在教学过程中使用信息技术要花费教师更多的时间，会成倍地增加教学工作量，虽然提高了课堂效率，但很多高校的人事考核还没有对这种额外劳动进行科学的评价，这会大大影响教师运用信息技术进行教学的积极性和主动性。此外，信息技术与教学的结合涉及教学模式的改变和学生学习效果的评价，这种教学评价工作的执行也需要以统一的标准为参考依据。

三、高校教学管理信息化建设的新路径

网络时代，高校教学管理信息化在高等教育改革和发展中起着越来越重要的作用，为了进一步提升高等教学管理的科学化和现代化水平，各高校要在电子教务管理系统、管理人员信息素养、筹资渠道、教学管理软件、教学评价机制、可持续发展等方面积极探索教学管理信息化建设的新路径，具体措施包括以下六种。

（1）建立信息化电子教务管理系统。高校要根据自身的实际情况，利用现代信息技术，建立以信息化为平台支撑、完整统一和技术先进的电子教务管理系统，实行以信息化为平台支撑的教学管理改革，实现智能性、互动性、个性化的教学管理。建立信息化的电子教务管理系统，高校要从三个方面着手：一是建立完备、可靠的教学信息处理系统，在各教务管理部门间实现统一的信息浏览、成绩管理，通过对学生基本信息的高速共享，促进教学管理部门之间的高效协作；二是建立集教务工作自动化和信息化为一体的先进的电脑网络系统，通过电子化、无纸化、信息化，实现教学管理的规范化，提高教学管理效率；三是随着教育资源管理系统、课程管理系统、课程制作系统、智能答疑系统、作业与考试系统等的相继出现，推行以选课制、学分制、弹性学制为核心的教学管理改革运动，实现个性化教育和创新人才培养。此外，高校要利用网络技术、发挥互联网的优势、

建立教育资源库和校园门户网站，为学生和教师提供方便的网上教学平台、为师生构建网上协作学习的良好环境。

（2）提高教学管理人员的信息技术素养。高校教学管理信息化建设对教学管理队伍的综合素质提出了更高的要求。提高教学管理人员的信息技术素养和信息管理能力是实现教学管理信息化的关键。首先，在新任教学管理人员的招录上要针对信息技术素养设定一定的录用标准，通过现代化信息教学设备的实际演练和操作进行能力考核，择优录取。其次，要对新任教学管理人员进行信息技术培训，根据岗位特点，有针对性地加强信息管理知识的培训，提高计算机技术、网络技术和多媒体技术的应用水平，扫清技术和操作上的障碍。最后，对在职的教学管理人员进行年度性信息素质考核，通过制定有效的惩罚和奖励机制，促使教学管理人员主动适应信息化社会发展的需要，不断提高自身的综合素质，不断积累计算机技术、网络技术、多媒体技术等方面的知识，更新和拓宽自己的技能领域，熟练驾驭现代信息教学技术。通过这三个途径最终打造一支具有教学管理经验和创新能力，能熟练应用基于网络技术的教学管理信息系统的高素质的教学管理队伍。

（3）多渠道、多元化筹措资金。长期以来，我国高校形成了以财政拨款为主要经费来源的筹资格局，虽然自 20 世纪 80 年代以来国家财政和各级地方财政对教育经费拨款逐年增加，但是由于高等教育规模的不断扩大及物价指数的飞涨，单一的国家投入远不能满足高校发展的需要。因此，要借鉴发达国家高校教学管理信息化的经验，结合市场经济的发展特点，通过广泛的社会服务和参与，形成以国拨经费为核心，多渠道、多元化的筹资体制，充分发挥中央政府、地方政府及高校在教学管理信息化建设中的集资作用。中央和地方政府除了每年向高校提供固定的财政补助外，要通过制定相关税收优惠政策，鼓励和支持各种社会团体、企业和个人参与到高校信息化建设中，通过引进技术和资金，更新落后的教学管理硬件配套设施，建设性能优异的电子教务管理系统。高校要结合自身的实际情况通过各种合法手段获取办学经费。

（4）开发优质的教学管理软件。优质的教学管理软件是实现教学管理信息化的重要条件。目前，我国不少高校都是委托校外某个公司或机构来完成教学管理信息软件和系统的程序设计与开发，而学校教务管理部门本身并不参与或很少参与这个过程，导致开发出来的教学管理软件和系统在实际应用中存在很大的局限性。因此，各级教育主管部门、各高校要组织本校既懂现代信息技术又懂教学管理的人员共同开发研制质量高、适用性强的教学管理软件，而教务处的系统规划者也必须全程参与到开发过程中。在具体的开发过程中，要采用国家标准和教育部对教育信息化管理的规范，充分考虑上级教育主管部门对学校和下级管理部门的要求，实现数据的完全共享，提供完整的信息指标体系，使其内容能够满足各种类型高校的需求。

（5）建立教学管理信息化的评价机制。科学的教学管理信息化评价和激励机制可以有效地促进教学工作水平和教学质量的提高。为了有效促进高校教学管理信息化建设的发展，各高校要根据不同层次和类型的教学工作要求，制定科学合理的评估指标体系，采取切实可行的评估方法，对各层次和各类型的教学管理工作进行科学客观地评估，为今后改进教学管理工作提供科学依据。此外，要建立支持教学管理信息化的教学评价标准，对教师因运用信息化技术进行教学而增加的额外工作量进行合理评估，并建立与之相对应的物质奖励机制或课时抵用的合理计算方法，从而提高教师进行信息化教学的积极性。对信息技术与教学的结合而产生的教学模式和学生学习效果的改变也要建立一套合理的评估体系，支持高校教学管理信息化建设的进一步发展。

（6）促进教学管理信息化建设的可持续发展。高校教学管理信息化建设是一个长期而曲折的过程，要努力实现可持续发展，具体要做到三个方面。一是实施教学管理信息化的全面、协调发展。教学管理信息化的实施不仅要体现对学校教学工作的重要支持，还要体现对科研、行政管理和社会服务的支持，要让教学管理信息化带动高校整体信息化的协调发展。二是对教学资源进行优化配置、合理利用与保护。教学管理信息化系统是一个较为复杂庞大的管理系统，包括硬件设备、应用软件、管理人员等各种资源，在具体的教学管理工作中，要对这些资源进行优化利用和配置，同时也要做好这些资源的维持和保护工作，发挥它们的长期效用。三是加强各级教学管理人员的信息技术能力建设，通过不断提高教学管理人员的信息技术素养，不断推进高校教学管理信息化进程。

总之，高校教学管理的信息化建设是当今高等教育发展的大势所趋，也是适应当今网络时代对创新人才培养的要求，各高校要充分利用现代信息技术，探索新的教学管理模式，促进高校教学管理信息化建设的发展，进一步提高教学管理的科学化和现代化水平。

第四节　大数据背景下高校教学管理创新

在互联网技术的迅速发展及影响下，我国已经进入了大数据时代，大数据使人们的生活、工作、学习得以改变，同时也受到了教育管理者的推崇并被加以利用。高校的教学管理工作也在适应着时代的发展需求，不但摒弃了以往落后陈旧的教学管理方式，而且充分利用大数据信息对教学管理模式进行了改革创新。目前，将大数据的信息与高校对于学生的管理模式进行有机结合，不仅能彻底摆脱低效落后的管理手段，也能够大大提高高校对学生开展管理与服务工作的效率。但是，大数据背景下的高校教学管理工作依然存在着很多问题，如何高效解决这些问题且采取相关策略去推进高校管理工作的顺利开展是我们要深入探究的。

高校是学生接受教学培育及日常生活的主要阵地，因而需要制定有效的教学管理制度，并且只有通过充分运用教学教育的管理手段，才能高效实现对学生的教学管理目标。大数据的普及运用，给教育行业带来了新生，很多高校慢慢脱离了过去传统陈旧的教学管理模式，同时为了适应大数据时代的发展趋势及当前的教学管理实际需求，高校对于教学管理工作进行了改革创新，取得了很明显的效果；但是由于经验不足，导致在有些方面还尚有不足之处，如何更好地将大数据信息技术与高校教学工作更好地结合，是高校当前面临的挑战。

一、大数据技术的概念内容

大数据技术就是海量数据的整合，无法在一定的范围与有限时间内开展信息内容的收集与高效管理的数据形式。通过整合与处理海量的大数据信息资源，能够对企业、事业单位的相关工作进行相对应的决策指导，优化大量信息数据的管理过程，并且推进不同种类无形资产的快速增长。大数据技术的运用，其最终目标并不是搜集大量的数据信息，而是处理巨大的数据资源，通俗来说，就是整合使用多个数据信息库，再对数据库中覆盖的大量信息资源进行"加工"，能够在原来的基础之上使数据信息增值。

二、大数据背景下高校教学管理中存在的问题

高校教学管理工作中收集与整合数据缺少明确的目标。当前，很多高校运用的大数据技术，依然处在我国信息化建设工作的起始阶段，大数据在高校教学管理中的使用方向相对较少，并且缺少清晰明确的工作目标。高校的相关管理部门对学生数据的收集整合与存储没有按照日常学习与活动的数据要求进行，而是对高校学生的所有信息开展收集管理，包含图书借阅、课外活动、课堂学习、兴趣爱好等信息。这导致高校对学生的数据信息管理缺少规范、科学、明确的实行目标，搜集到的学生数据信息也是杂乱不齐，其中也有很多数据信息根本没有什么存储价值，可是重要的学

生数据信息又会出现漏采或没有记录的情况，这样就会造成高校的教学管理工作出现失误和偏差。

高校的数据化教学管理与实际人才的需求存在脱节的现象。在大数据时代，高校获取及存储的信息数据，基本都是将不同种类的信息数据区分开来再存储到不同的数据管理库。所以，在高校不同的数据管理库存在着差异化的信息数据，各种各样的教学资源信息如"孤岛效应"一般存在着。很多高校数据信息库之间没有建立内部联系，导致无法共享信息资源，同时，社会与高校之间也缺少直接的数据交流途径。在各种数据资源独立与不相连的情形下，高校的教学管理能力自然就会大大降低，并且高校对学生进行的一系列教学活动也无法满足社会企业对于人才的实际需求。因此，当下高校的教学管理数据库建设，依然还处于利用信息数据的过渡时期，挖掘和分析的数据信息内容不够全面、统一，数据信息资源对指导高校开展教学活动也起不到突出的作用。

三、大数据背景之下高校教学管理的创新策略

加强高校教学应用数据信息技术的管理意识。当前，大数据不但是高校教学管理的无形资源，也是高校不同部门进行教学管理决策的关键性依据。目前，很多的高校教学管理部门，还有教师对学生的数据学习缺少敏感性，在运用多种信息数据对学生进行管理的效果很不理想，根本实现不了专业化、精准化的教学管理。因此，从大数据信息技术的分析和研究的教学角度出发，高校教学管理的相关部门工作人员要加强自身数据化管理的工作意识，创建对学生进行教学引导的信息化平台，对高校的各种数据资源信息进行统一整合，深度挖掘与学生心理教育及课程教学有关的数据信息内容，以此来真正实现大数据对高校教学管理的有效服务。

创建数据信息的统一管理标准，实现数据共享。构建统一的高校教学信息管理的相关标准，能够大大减少采集信息时出现过多无用的数据，从

而有助于充分保障收集、存储及利用有用的数据信息，同时也能减少工作量，提升管理效率。另外，各个高校建立统一数据收集与管理的相关标准，能够使不同的云端存储平台形成有机的衔接，而且能通过互联网平台共享和交流各种数据信息资源。高校可以利用服务器、数据库等相关硬件设备，通过互联网平台共享互通学生的数据信息资料，同时再筛选出有用的信息进行深度挖掘。例如，高校的相关的管理部门可以将学生的考试成绩、得奖情况、挂科情况、参加社会实践活动、课堂表现等信息进行统一整合，然后在学期末根据这些信息对学生进行综合性考核，给予相关的奖励与惩罚，对于表现好的学生发放奖学金、发放优秀学生的荣誉证书、给予保研名额等，而对于表现差的学生可以实行记过，甚至留级的对应惩罚。

第五节　慕课背景下的高校教学管理创新

在高等教育信息化背景下，慕课（MOOC）浪潮席卷全球，对高校的教学管理提出了挑战。本节分析了 MOOC 对高校的教育生态、教学理念、教学管理制度、科层管理模式、基于专业的教学管理范式、传统的教学模式等方面的挑战。探索了 MOOC 背景下，应对这些挑战的高校教学管理创新策略；积极推进 MOOC 本土化，优化师资队伍，更新教学理念，建立新型的教学团队，建立、完善 MOOC 发展的规范与标准，由科层管理转向共同治理，建立课程管理的教学管理范式，创新混合式教学模式。

一、研究背景

高校教学管理，是高校教学行政人员为完成教学任务，提高教学质量，运用的一定原理和方法，通过一系列特有的管理行为，组织协调和指挥、控制教学工作，以实现教学目标的过程。教学工作是学校的中心工作，而教学管理是教学工作正常运行的基础，科学合理的教学管理是提高教学质量的保障，能够促进教师不断发展提高，直接影响学校的人才培养质量和育人目标的实现。高校教学管理，主要内容有教学计划管理、教学质量管理、教学运行管理、教学评价，以及课程管理、教材管理、专业管理、教师管理、学生管理、教学管理制度等。

信息技术对于教育发展具有重要影响，要促进教学内容、教学手段和教学方法的现代化，应充分利用优质资源、先进技术，创新运行机制与管理模式，优化整合现有资源，构建先进、高效、实用的数字化教育基础设施。高等学校要利用信息技术创新教学管理方式，将教学管理与信息技术相融合，提高教学管理的水平，从而提高教学管理质量。

MOOC 是一种基于计算机技术和互联网应用，通过网络平台，把课程的教学录像、课程简介、教学大纲、参考资料、作业、重点难点指导等教学活动必需的资源全部上传到网络平台，学习者通过在线学习和互动交流，获取知识和技能的教学活动。MOOC 这种大规模的在线课程掀起的风暴开始于 2011 年，美国《纽约时报》将 2012 年称为"MOOC 元年"。随着美国 Udacity、Coursera 和 edX 三大 MOOC 平台的相继组建和更多课程的在线发布，MOOC 呈现出"井喷式"发展态势。2014 年 5 月，"爱课程"网的"中国大学 MOOC"正式上线，我国高等教育开始进入 MOOC 时代。MOOC 的规模庞大，资源丰富，由很多国家的著名高校提供，发布 MOOC 的教师多为业内权威教师，教学经验丰富，课程门类众多，内容精致，参与 MOOC 的学生规模也十分庞大。来自世界各地的成千上万名学习者可以在线学习，互动交流。MOOC 将课程资源发布在网络上，学习者根据自己的喜好和需要，选择适合的课程。课程内容公开透明，形式多样，时间和地点不受限制，学习者的身份和人数也无要求，因此，只要有时间，人人都可以自由学习，MOOC 实现了以学习者为中心的学习方式。教育的作用体现在教师的教是为了学生更好的学，MOOC 真正还原了学的本质，体现了师生互动、生生交流，重视学生的学习体验，对知识的认识和理解在互动交流的过程中逐步加深。MOOC 基于互联网平台，没有了师生之间的面对面交谈，更多的是人机对话，缺少监督和约束机制，难以保证学习者本人是否在学习、作业是否抄袭，学业水平的真实性无法考证。因此，MOOC 对学习者的自主性和自我约束力提出了更高的要求。MOOC 在很大程度上促进了信息技术与教育的融合，加快了教育信息化进程，并为跨国界校际交流与合作提供了桥梁与纽带，推动了全球优质教育的资源共享，有利于促进教育公平，养成终身学习的理念。

二、MOOC 与高校教学管理在理论层面的关系梳理

结合国内外优质高校 MOOC 平台的成功经验，以及学界研究者的相关研究可知，MOOC 与高校教学管理存在着相互影响、相互作用的关系。MOOC 给高校教学管理模式的改良与创新提供了新的方向与思路，同时，高校教学管理工作的有序开展也保障了 MOOC 在高校的可持续发展，因此二者的有机结合势在必行。MOOC 应用为高校教学管理带来的影响体现在教学目标管理、教学过程管理、教学质量管理、教师管理及学生管理各个教学管理环节的顺势变革改良过程当中。对比传统教学模式下我国高校教学管理与 MOOC 模式下高校教学管理的各个环节，我们可以清晰地意识到，MOOC 为我国高等教育带来的不仅是教学方式的转变，还能推动高校教学管理改革创新。

（一）教学目标管理的转变

教学目标管理为高校教学管理创造了优质的条件，针对传统高校教学过程而言，教学目标是教学管理工作取得成效与否的重要判断指标，传统模式下普遍设定学生的知识习得为根本教学目标，立足于学生的知识获取量，以确保教学工作的顺利开展。基于高校教学模式，大多数教师都会考核特定目标，通过严格化考试形式对教学效果进行检验，所以，教学目标

的评价具有极大的局限性，对推动学生全面发展和增强学生的创新水平的作用不是很大。

MOOC 应用使得传统教学管理模式实现了进一步的创新，并提供了发展的空间，使高等教育从记忆性教育向创造性教育转型。在 MOOC 应用中，学生熟悉基础学科知识的基础之上，也可以通过先进技术不断提升自主学习水平，教师也从传授专业知识的定位逐渐向教授学习方法的定位转型。

MOOC 的应用推动高校教学管理模式的顺势变革，这就对新时期高校教学管理工作者提出了更为严格的标准。首先，思维模式的不断革新。与时代发展脚步相统一，提升管理观察的敏锐度，制定"互联网＋教育"模式下全新的人才培养目标，让教师制定清晰的教学目标，确保教学目标可以早日完成，此外，在实施教学目标期间全面贯彻落实监督管理环节。其次，培养和增强学生能力。当下，高校学生的思想观念因时代不断发展产生了翻天覆地的变化，单一的课本知识已经无法满足学生的需求，学生希望通过高等教育提升自我能力。因此，高校教学管理者对于学生创新能力的培养不能仅流于形式，在日常工作中应当注重学生创新能力与实践相互结合，真正完成高校教学目标管理从知识获取转变为能力增强。然而关注学生能力增强并不代表着专业知识习得可以放在次要位置，高校教学管理人员需要积极寻找有效的方式实现两方面的协调发展，促进高校学生的全面发展。MOOC 的应用，使高校教学目标管理由"学生的知识习得"向"学生自主学习能力的提升"转变。

（二）教学过程管理的转变

教学过程管理是高校教学管理的核心环节。教学过程管理不仅包括对教师教授课程这一过程的管理，同时也包括了对学生知识习得这一过程的管理。

在传统的教学管理过程中，通常由教师作为课堂活动的主导者，单方面对学生进行知识灌输式的教学，在此过程中，学生往往缺乏主动表达的途径，仅是教师教学活动中的一个部分，课堂活动的内容、主题、形式由教师主导把控。因此，在传统的教学过程管理中，对于知识传授的过程较为重视，却忽视了对学生学习情况进行管理，没有给予学生充分的进行独立思考的空间。

MOOC 的应用逐步转变了传统的教学过程，将以学生为本的管理理念得以充分体现出来。教师更多的是处于咨询者地位，而且还是学习动机的激发者。随着 MOOC 的全面落实，可以增强师生互动的时效性，对创造性结果的产生具有很大的帮助，对学习内容的掌握也有良好的促进作用。学生作为教学活动主要参与者的定位更加突出，凸显了以学生为本的教学管理理念。在 MOOC 模式下，学生与教师之间的交流渠道更加畅通，教师的角色定位不再局限于传统模式的主导者，而逐步向学习动机的激发者转变，这有助于学生创造能力和自主学习能力的提升。MOOC 的应用，使高校教学过程管理由"以教师为中心"向"以学生为中心"转变。

（三）教学质量管理的转变

教学质量管理对保障高校教学管理起着至关重要的作用。教学质量管理在教学的各个环节进行质量控制，教学评价可以直接体现出教学质量，也可以增强教学质量管理的有效性。

中国高校在传统高校教学质量管理模式中面临着一个较为明显的教学评价问题，这一问题主要体现在教学质量评价的过程、方式及主体上。我国高校在进行教学评价的过程中对结果评价过于关注，而忽略了过程评价的重要性。从评价方式角度来看，大部分高校都通过期中、期末考试成绩对学生展开结果性评价；中国高校教学评价的主体方面是任课教师评价学生，通过这种方式评估教学质量，该行为没有统一规范标准，客观性和公正性有待考证。

　　MOOC 的应用，使高校教学质量管理这一环节在一定程度上从成果管理转变为全面管理。MOOC 模式下，教学管理相关工作者对于教学质量管理环节的评价包含了四个部分：教师对学生学习内容进行的考核、授课教师对学生学习情况做出的评价、学生对自身学习情况的自我评价及课程学习者之间的互评。MOOC 的应用使得教学质量管理的评价维度得到进一步延伸，教学质量的评价依据更加细化、更加全面，科学性有所提高；同时，MOOC 应用也使得教学管理工作者意识到评教环节对于提升教师监督作用及提高教学质量的重要性。MOOC 的应用，使高校教学质量管理由"重结果的学习成果管理"向"重过程的全面管理"转变。

（四）教师管理的转变

　　教师管理是高校教学管理的关键。高校教师的素质直接影响了高校的科研能力及教学水平，为了提升高校的科研能力和教学质量，必须对高校教师进行科学有效的管理。

　　在我国传统的高校教学管理模式下，对于教师的管理普遍以教师个体为单位，对于教师自身的道德品质、教学行为、教学质量、科研成果等进行评价，这样的个体化评价与管理方式，忽视了高校教师之间的联系与相互促进作用，使教师成为了独立的存在，不利于教师间的专业化合作和学术讨论的开展。

　　MOOC 的应用对高校教师管理的影响主要表现在它的设计与开发、授课与在线交流等各个核心环节都不是单独一个教师就可以独立完成的，需要高素质的教师团队相互配合、紧密协作完成。因此，MOOC 促使高校教师管理向团队化管理发展，MOOC 的运行模式打破了传统教师个体化独立存在的格局，促使不同领域、不同学科的教师之间有了深层次的合作和交流，为教师之间的沟通交流提供了机会，有利于激发高校教师的团队创造力，进行思维碰撞，进而提升高校的科研能力。教师的团队化发展方向对高校现行的教师管理模式提出了新要求，必须在教师管理过程中注重教师资源的整合，引导教师个体充分发挥专业化优势。团队化的管理模式在培养高校教师间的协作精神的同时，也促进了创造力的激发与成果的创新，团队化发展是高校教师管理的未来发展趋势。MOOC 的应用，使高校教师管理由个体化管理向团队化管理转变。

（五）学生管理的转变

学生管理是教学管理的重点。高校教学管理服务的主要目标是学生，改善学生的培训品质，实现学生的全面发展，提高整体素质是高校教学管理应该达到的目标。

在传统的高校教学管理模式下，学生管理呈现出统一化的特点。统一进行高校招生、统一的培养目标设定、统一的课程教材、统一的教学模式、统一的考核标准、统一的评价体系等，统一的管理模式在增加高校管理规范性、保障各环节有序进行的同时也使得学生丧失了学习的自主性和选择的灵活性，削弱了学生学习的积极性，使得学生个性化发展未受到应有的关注，更谈不上增强其创新能力。

MOOC 的应用为高校学生管理模式的改变创造了前所未有的机会。MOOC 对学习者的管理具有个性化的特点，学习者可以通过开放性的在线课程平台根据自身兴趣及需要自主选择学习内容、学习方式、授课教师，自己安排学习进度，MOOC 能充分调动学习者的主动性。MOOC 模式使得个性化学习再次得到关注，启发和推动了高校学生管理由统一化转向个性化。每个学生都是具有独立思想、独立人格的个体，高校学生管理应注重因人而异、因材施教，不剥夺每一个学生成才的机会。MOOC 的应用，使高校学生管理由统一化管理向个性化管理转变。

三、MOOC 背景下高校教学管理面临的问题和挑战

MOOC 的出现给我国的高等教育带来了重要的机遇，它不仅是对教育技术的革新，更重要的是对传统的课堂教学模式的颠覆。MOOC 的兴起必然会带来教育体制、教育观念、教学模式、人才培养等方面的深刻变化，这些变化又会给教学管理带来一系列问题和矛盾，成为高校教学管理面临的新问题、新挑战。

（一）MOOC 在高校教学管理中的问题

1. 教学管理体系不完善，观念陈旧专业度低

首先，目前在样本高校的校级、院级都未建立专门化的 MOOC 教学管理机构。教务处教学管理人员要同时负责传统通识课程和 MOOC 课程的运行管理。在这种情况下，高校教学管理人员难以同时兼顾，导致了其对 MOOC 相关教学管理工作无暇顾及、管理不到位。在调研过程中，样本高校的学生 A 表示："现在 MOOC 在教学过程中还处于刚刚兴起的阶段，我们对于这种教学形式十分感兴趣，也想参与其中，但是很多时候不知道具体要怎么操作，自己选修的 MOOC 课程也不知道学校是否承认，想要通过学校的官方渠道了解具体细则却又找不到专门负责的老师来解答我们的疑问。"负责高校 MOOC 的教学管理人员，要同时负责为学生提供 MOOC 咨询服务，监控 MOOC 教学质量，对 MOOC 课程质量进行评估，协调高校间学分互认事宜，研究 MOOC 学分互认规则标准等，现阶段高校教学管理人员往往一人身兼数职，没有明确的责任分工。因此，完善的 MOOC 教学管理体系和清晰的职责划分对于 MOOC 教学管理工作是十分重要的。

其次，样本高校 MOOC 教学管理团队的观念较为陈旧、专业度较低。该问题具体表现在两方面。一方面，刚性化的教学管理理念。传统的教学管理思想内化为高校教学管理相关人员的日常工作行为，形成了短时间内

难以改变的自上而下的管理模式，这种固化的教学管理理念会阻碍 MOOC 在高校的进一步发展及高校教学管理的顺势变革。样本高校的学生 B 在访谈过程中表示："学校虽然开展了 MOOC 教学，但是在实际应用过程中还是对我们进行硬性的要求与规定，对于可选课程给出了明确的范围，但这样的模式还是不能让我们真正获取想要学习的知识，仍然是变相的形式化教育，没有考虑我们的需求。"MOOC 是诞生不久的新鲜事物，相对应的高校教学管理工作也要进行创新，与时俱进。MOOC 学分互认工作尚处于探索之中，因此，高校 MOOC 教学管理工作需要充分站在学生的角度开展。现阶段高校刚性化的教学管理理念指导下所进行的教学管理工作对学生的想法关注过少，创新意识也有待提高，使 MOOC 教学管理工作的效果大打折扣。另一方面，高校教学管理团队缺乏对 MOOC 教学管理的理论和实践研究。这一问题，在样本高校院系级教学管理人员中尤为突出，在校级部署开展MOOC相关工作后，后续事宜无法跟进并及时处理，使得高校MOOC的实际开展与落实情况不尽如人意。随着高校 MOOC 的应用和推广，MOOC教学管理的新问题和新情况也不断涌现，MOOC 对高校教学管理团队提出了更高的要求，尤其是专业化水平，对教学管理人员提出了新的挑战。

2. 教学目标实现度低，对学生缺乏激励与监督

不包括学习者自身因素影响在内，MOOC 模式无法及时激励学习者，也是引起完课率不高的一个重要原因。课程本身很难吸引学习者的长期注意力，所以学习者在学习期间，因为该激励机制的不足极易产生中途坚持不下去的想法，从而导致教学目标很难实现，最终无法确保学习效果。

高校 MOOC 教学目标实现度低的严峻问题或多或少也凸显出了 MOOC 应用中高校教学管理监督不到位的问题。MOOC 以网络为基础大范围传播知识，共享教育资源，然而其自身监督机制的缺乏也导致了高校 MOOC 教学目标管理无法达到预期。通过 MOOC 测验样本高校学生完成课程之后归纳出如下结论：可以完全根据 MOOC 要求自主完成课程测验的学生占比为

20.60%，选择放弃完成课程检验的学生占比为 18.41%。学习者为了获取学习评价，本身应该完成课程检验，然而没有监督机制的影响和制约，MOOC 很难防止作弊问题的产生，也使得课程检验的真实性难以保证。此外，MOOC 一般情况下以机器智能测评来评估学习者的学习效果，对不存在统一答案的主观题，则需要选择其他方式展开评价，如互评等。监督机制的缺乏使学生互评的客观公平性大打折扣，从而在很大程度上给高校 MOOC 教学目标的完成带来了很大的影响，MOOC 模式本身的弊端及高校教学管理环节的监管不到位使教学目标的实现程度大大降低。

对于高校教学目标管理环节，高校引入 MOOC 相关应用和实践的基本初衷是使"学生知识习得"的目标向"学生自主能力提升"的目标转变，然而在实际调研与分析过程中，笔者却发现现阶段这一教学目标的实现效果仍然差强人意。60.71%的被调查学生指出自主学习能力是他们在 MOOC 学习中亟待增强的重要能力。学生在 MOOC 模式学习中需要拥有极大的自主学习能力，然而这却和当下高校学生自控能力不强的实际状况不相统一，成为 MOOC 在高校发展的阻碍之一，也与原本教学目标的设定背道而驰。针对学生自身自主学习能力的问题，高校教学管理如何找到对学生有效激励的方法，保证 MOOC 的学习效果，提升教学管理各个环节对于 MOOC 进行的监督力度，是 MOOC 应用中高校教学管理亟待解决的问题之一。

3. 课程设置管理形式化，学分互认制度不完善

在分析样本高校关于是否有选修其他专业课程，以及关于教师教学内容前沿性的相关调查中，48.17%的被调查者表示有需求选修其他专业的课程，分别有 39.29%和 35.44%的学生认为课堂上教师教学内容的前沿性一般或比较陈旧。由此可见，MOOC 应用中高校仍然存在课程建设管理过于形式化的问题，高校所设课程在一定程度上不能满足学生的需求，课程内容也存在过于陈旧的问题，没有从学生的角度出发从根本上进行课程建设相关的改革。MOOC 课程设置适用性不足，内容缺乏创新，无法满足学生的

兴趣及对于本专业知识以外知识的需求，难以激发学生的学习动力，影响学生的学习效果。

2015 年 4 月，《教育部关于加强高等学校在线开放课程建设应用与管理的意见》对在线课程建设提出了全新的指导原则，即"立足自主建设、注重应用共享、加强规范管理"。高校 MOOC 课程建设应体现"向管理要质量"的内在要求，然而实际调查可知，在高校 MOOC 课程建设的过程之中，仍然存在着在课程建设管理方面追求数量轻视质量、重视形式轻视效果的现象，这就导致了 MOOC 应用中，高校教学过程管理形式化，教学过程管理存在缺陷，无法满足学生的实际需求。

与此同时，在关于通过 MOOC 获取学校学分的调查中发现，样本高校中84.89%的被调查者表示可以通过MOOC学习获取学校规定的部分课程的学分，10.99%的被调查者表示可以通过对 MOOC 课程的学习获取与专业相关课程的学分。

由此可见，MOOC 的应用虽然推动了高校之间学分互认制度的建立，但这制度还存在着很多待完善之处。MOOC 等新生代在校教育资源的涌现使得各大高校纷纷加入或建设专属的在线教学平台，各平台各有优劣，提供不同来源的教学资源，因此，高校教学管理人员无法仅选择某一单一的平台提供课程，这也给高校间 MOOC 平台的学分互认制度建设增加了难度。现阶段，高校 MOOC 学分互认主要局限于区域内互认，学校规定的部分课程可进行学分互认。显然，北京、上海等一线城市的部分高校之间优势互补的学分互认模式已开始构建，但中、西部高校之间的学分互认发展仍十分艰难，全国范围内的高校学分互认更是处于起步阶段，高校间教学管理体系的差异也给学分互认制度的完善带来了很大阻碍。

4. 教师管理片面化，评价机制不健全

MOOC 应用中，高校教师管理环节仍采取简单的学生网上评教模式对教师的教学情况进行反馈和管理，未能与时俱进健全相关教师评价机制，全面评价教师的能力与贡献，真实反映学生的反馈意见和诉求，提升授课教师的教学质量和综合素质。

教师团队考核仍采取"一刀切"方式。MOOC 课程的设计和开发除了教师积极参与才可以完成之外，还需要教师团队在整个过程中通力协作、相互配合，最终所取得的实际成果也应该属于整个教师团队，团队中教师的职责各不相同，考核评价方式也应该区别对待，"一刀切"的评价方式缺乏针对性。

高校 MOOC 的应用和推广为多元化的教师考核和评价提供了契机，然而当前高校教学管理过程中却仍然存在对教师考核管理片面化的问题。当前阶段，样本高校学生在参与评教时仅有 26.65% 的被调查者能够主动进行客观评价，仍有 55.22% 存在被迫进行形式化评教的现象，甚至有 12.64% 的被调查者表示其评教是由他人代劳的，5.49% 的被调查者表示未参与评教。由此可知，现阶段 MOOC 应用过程中存在着对教师评价形式化、不全面等问题，评价机制不健全。

5. 学生管理机械化，选择自由度低

高校学生学习管理是高校管理活动中的重要组成部分。如何在 MOOC 的推进过程中，提升学生学习能力，进行有效的学习管理，是高校教学管理工作者的努力方向。现如今部分高校在学生学习管理过程中却呈现机械化倾向，呆板的管理使得 MOOC 的推进受阻，管理效果也不尽如人意。

在访谈过程中，样本高校的学生 C 表示："在高校教学管理过程中，我们学生往往一直扮演着被动接受的角色，被动接收通知、调剂、培养计划、课程设置、教师安排等，希望有机会进行自主选择。"而学生 D 则表示："我认为每一个学生都是不同的个体，有不同的个性特点、学习方式及学习需求，因此，统一的培养方式并不是真正适合每一个人，希望学校可以借助新媒体的方式和手段对学生管理进行改进，提升我们的参与感，满足学生的个性化需求。"

在围绕大学生开展学习管理有关的满意度的研究时得知，被调查者在专业挑选、选课、挑选任课老师、学习手段选择等方面的自由度、满意度普遍偏低，这表明目前阶段高校仍然存在学生学习管理过于机械化，教学管理单项化的现象。

对学生专业选择及课程选择的管理机械化。学生做出选择之前了解相关信息的渠道单一化，导致学生对相关信息了解程度较低，部分学生还存在缺乏前期相关专业背景的问题，对 MOOC 课程架构如学科内部的对应关系问题缺少了解，导致专业选择过程盲目，使选择缺少了自主性，学生无法对 MOOC 课程教师进行自主选择。现阶段，样本高校内引入的 MOOC 课程数量有限，学生结合自身情况及所学专业要求后对在线课程进行选择的空间有限。此外，由于教师资源有限，经过专业化培训、具备 MOOC 教学技能的教师数量较少，学生几乎无法依据自身的听课习惯、接受程度、兴趣喜好选择教师，只能被动接受相关课程所配备的教师，这就使得 MOOC 应用的针对性减弱，忽视了学生的个性化管理。MOOC 应用模式本身为学生学习方式带来了改良的契机，使学生的学习不再受到时间和空间的限制，提升了学生学习的主观能动性，但此次调查研究发现，实际操作中的"重形式轻内容"等问题使学生在 MOOC 学习中的学习方式与传统教学模式下相比无本质改变，依旧采用机械化的授课、统计学时、测试考评流程，对学习行为过程和学习成效的监管都存在明显不足，学习管理体系仍然有待完善。教学管理者作为下发通知的主导者，仅完成下达通知任务，对学生的选课过程缺乏规范性指导。

学生是高校教学管理需要提供服务的目标群体，其为 MOOC 教学的终极受益方，MOOC 和高校合作的原始目标就是提升学生的学习效果与品质。围绕 MOOC 实践过程里存在的部分矛盾，平衡其规定和需要间的关系，是高校教学监管在以后的 MOOC 实操过程里需要尤为关注和着力解决的重中之重。

（二）MOOC 对高校的教育生态提出了挑战

1. MOOC 对高校的教育生态提出了挑战

MOOC 的出现给现有的高等教育生态带来了冲击，高校将面临全球化竞争的压力。任何人在任何地方只要通过网络就可以在线学习，与名校名师交流，教育生态向开放转型，高等教育的大众化、普及化是大势所趋。MOOC 的机会均等，促进了教育公平，也改变了高校的竞争模式，高校面临前所未有的压力。MOOC 带来了教育成本的降低，给高校的管理体制也带来了挑战。MOOC 可以免费学习，如果要得到学分或证书，只需缴纳少量费用，相对而言，高等学校的学生学习成本要高得多，每年数千元甚至数万元的学费及同质化的课堂教学模式已引起了高校对教育教学改革的思考。MOOC 打破了高校的围墙，也打破了世界范围内的国界限制，高校面临全球化的竞争。一些名校或具有优势资源的学校，通过 MOOC 可以扩大知名度和社会影响力，在竞争中占有绝对优势，而生源和师资力量相对薄弱的应用型高校，在竞争中明显处于劣势。

2. MOOC 对高校的教学理念提出了挑战

目前，我国的高校普遍存在着重科研、轻教学的传统，评价一所大学的优劣也往往以科研指标来衡量，教师在职称评审和待遇方面也和科研直接挂钩。因此，大部分教师将主要精力用在项目申报和发表论文上，几乎无暇顾及教学。教师对学生的学习关注不够，教学方式单一，教学效果很难得到改善。MOOC 作为一种全新的教学模式，对高校教师的教学计划、课程设计、教学大纲、教学内容、教学投入提出了更高的要求，对学生的主动性、积极性、参与性，对教学管理的科学性、规范性、先进性等都提出了更高、更严格的要求。来自国内外名校名师的 MOOC，无疑会对学生有着更高的吸引力，对一些师资力量相对薄弱的一般高校和教师必将带来巨大的压力和冲击。因此，高校教师和管理者必须改变重科研、轻教学的理念，把教学工作作为高校的中心工作，树立以学生为中心的教学理念，提高教学水平和人才培养质量。

3. MOOC 对高校的教学管理制度提出了挑战

高校的教学管理制度是高等学校对教学工作有效管理、对师生员工的行为规范进行约束引导，从而实现高校教学目标和人才培养目标的重要保障。教学管理制度在高校中具有约束、激励和导向功能。MOOC 的到来，对高等学校的管理者来说，是一个新鲜事物，在 MOOC 建设与推广过程中会出现新的问题和矛盾，传统的教学管理制度已不适应 MOOC 背景下的教学管理，需要相应的教学管理规章制度来确保 MOOC 的顺利开展。如何制定 MOOC 课程的认证标准、如何引导教师积极参与 MOOC 建设、如何计算 MOOC 的学分、如何共享 MOOC 的优质资源、如何改革 MOOC 背景下的教学管理方式、如何评价 MOOC 的教学质量、如何调动学生的学习积极性、如何阻止学生的抄袭与作弊、如何建设本土化 MOOC 课程、如何计算 MOOC 的教学工作量等，都是高校亟待解决的问题。

4. MOOC 对高校传统的科层管理模式提出了挑战

传统的教学管理是建立在科层制管理基础上的。科层管理强调的是程序化、系统化的方法，在严密设计的各种组织中有很多规定好的程序，通过成员执行规定的程序完成任务。科层管理追求效率和逻辑，以自上而下的管理作为运行机制，关注的是控制而不是理解，强烈的科层制导致的是从属而不是创新，容易形成管理主义意识和控制情结。因此，科层制的教学管理模式与 MOOC 背景下的教学管理模式有着严重冲突，MOOC 突破了跨国界的校际界限，对封闭式的科层制教学管理提出了挑战。

5. MOOC 对高校基于专业的教学管理范式提出了挑战

高校传统的教学管理范式是专业管理，这种管理的结果就是高校的教育资源被一个个专业分割，课程资源在同一学校甚至同一学院内都不能共享。专业管理范式下，以固定的课程组成明确口径的专业，形成一种固定的批量人才培养模式，导致各个专业的教学资源只为本专业服务，不能有效共享，学生被限制在一个固定的专业领域，转专业非常困难，不利于培养社会需要的复合型人才。在教育信息化和 MOOC 的背景下，大量优质的课程资源在全球范围内共享，促进了学习方式和教学方式的改革，各个高校希望通过 MOOC 平台提高自己的影响力和知名度。基于专业的教学管理范式已不能适应 MOOC 背景下的教学管理，高校需要构建适应 MOOC 发展的课程管理范式，适应复合型和多元化人才的培养。

6. MOOC 对传统的教学模式提出了挑战

当前的教学模式反映的是工业革命时期的特点，为了提高标准化教学的效率，在生产流水线上使学生接受教育，教师在台上讲，学生在下面听。在这种传统的课堂教学模式下，所有的学生接受同样的教育。其缺点在于，学生的认识、能力、水平各有差异，有的学生学得快，有的学生学得慢，教师对一个概念解释多遍，有的学生还是不能掌握，有的学生情况相反，当教师在课堂上不断重复地解释一个概念时，他们会感到厌烦。因此，MOOC 的到来给传统的教学模式带来了冲击，但是并不意味着 MOOC 完全代替传统的课堂教学，MOOC 本身也有许多不足，只能作为传统课堂的补充。传统的课堂教学在创新思维、创新能力、批判思维、团队合作精神和意识、人文素养等方面具有 MOOC 不可相比的优势。因此，如何实现MOOC 与传统课堂教学的无缝对接对于高校的教学管理来说是个挑战。

四、MOOC 背景下高校教学管理的创新策略

（一）完善高校 MOOC 教学管理体系建设

1. 完善高校 MOOC 教学管理组织设计

在教育信息化的环境下，在线教育已经成为教育国际化的重要途径。高等学校要从战略上重视在线教育，将其纳入学校长远发展的规划，抓住

信息技术高速发展的机遇，以 MOOC 为契机，大力发展在线教育。首先，借鉴国外先进的 MOOC 经验，建立自己的 MOOC，推进 MOOC 本土化。高校内部，制定相关政策，鼓励教师进行 MOOC 建设，对教师开展培训，推动在线教育平台建设，为 MOOC 建设提供技术支持，在本校 MOOC 建设能力不足的情况下，可以结合学校和专业实际，引进适合自己学校人才培养目标的优质 MOOC。其次，高校积极创造条件，和其他高校联盟，合作共建 MOOC 平台，共享优质高校教育资源，建立区域性的高校联盟。建立高校 MOOC 联盟，有利于制定统一的 MOOC 标准和共享机制，缩小校际之间教育资源的差距，有助于推进教育国际化，提高教育质量。MOOC 教学管理模式区别于传统的高校教学管理模式，因此，要实现高校 MOOC 的良性发展，把握现阶段的发展机遇，就要完善高校 MOOC 教学管理组织体系的设计，配备专职的研究和监管人员，从而从组织上保证 MOOC 的实践过程中高校教学监管任务能够健康发展。

MOOC 相关的教学管理机构设置要分为校级、院级两个层次。在校级设置 MOOC 建设工作委员会、MOOC 课程质量监督委员会、MOOC 教师培训机构、MOOC 对外合作办公室等。校级 MOOC 教学管理机构的主要职责是对外组织 MOOC 的校企、校校合作与 MOOC 平台建设维护，对内要研究基于本校实际情况的 MOOC 教学管理可行性办法与工作细则，如建立校级在线课程建设管理办法、组织教师进行专业化培训、制定将 MOOC 纳入培养计划的具体实施办法，以及制定一系列开课选课评分标准细则。在院级机构中设置学院 MOOC 工作组，结合自身的专业背景和实际情况处理 MOOC 教学行政工作，如 MOOC 日常教学运行管理、MOOC 课程的建设与管理、MOOC 教学质量的检查与评估、解答学生在 MOOC 学习过程中遇到的问题、给予学生切实有效的指导性意见、了解学生的实际需求等。

2. 加强对在线教育的宣传与引导

在线教育迅猛发展，使得学习者摆脱时空的限制，拓宽了学习者获取学习资源的途径，不可否认线上教育正逐渐取代一些传统教育，处于由辅助性课程转变成主要课程的转变之中。教育信息化创建在党的十九大上被提出，且被赋予了更加明显的、更加关键的意义，高等教育信息化发展是历史进步的方向，所以这个时期的高校需要强化线上教育的推广，以此提高 MOOC 等在线教学平台的接纳度。在加强在线教育的宣传与引导方面，需要做到以下三点。

（1）学习成功案例的经验教训，增加高校教学监管人员的信息化观念。以清华大学的"学堂在线"平台和上海交大的"好大学在线"平台为例，从极具代表性的高校获得相关成果和将来的进步方向，让高校教学监管人员最大程度地理解线上教育的重要作用。

（2）以高校社交平台为媒介宣传推广在线教学，增加师生对于在线教育的了解和认识，并通过互动交流使管理者充分听取师生需求，促进高校教学管理改革与创新。

（3）积极响应国家教育部门的号召，在实际工作中贯彻落实教育信息化的指导方针，在高校营造良好的教育信息化氛围，从政府角度引导高校教学管理者进行思想变革。

3. 提高 MOOC 教学管理团队的专业化水平

信息技术的高速发展给高校教师带来了严峻的挑战，同时，也带来了难得的发展机遇。高校应加强教师队伍建设，采取各种措施，更新教学理念，对于在 MOOC 建设和教学改革中出现的优秀教学成果，可以作为职称评审、岗位聘任时的重要依据，引导教师将更多的精力用在教学上。以教学发展为中心，对教师开展培训。一方面，聘请相关专家和技术人员就 MOOC 平台的建设和使用开展专题培训；另一方面，鼓励教师走出去，观摩学习国内外优秀的 MOOC 课程，深入了解 MOOC，亲身学习完成一门

MOOC 课程。MOOC 的建设，需要优秀的教学团队合作共建，高校要加强教学团队建设，推进教师分工和多元化，使教师由个体劳动向团队协作转变。在 MOOC 背景下，教师要对自己的角色与职能进行调整，学生成为教学活动和课堂的中心，教师不再是单独的知识传授者，而是个性化学习的指导者和服务者，教师的职能和角色应朝向多元化专业化方向转变。师资结构要适应 MOOC 的发展，教师的个体角色向"三位一体"的专业化团队角色转变，主讲教师负责 MOOC 视频的制作设计，辅导教师负责 MOOC 的课堂教学活动的答疑讨论，助理教师负责线上的辅导和对数据材料的收集、整理。新型的教学团队需要分工合作、各司其职，这样既提高了教学环节的专业化程度，也不会出现因工作量繁重而出现手忙脚乱的局面。

加强高校教学管理人员的培训，在全新阶段树立和强化教学管理人员的相关观念，能够极大程度推动高校的教学管理工作良好可持续发展。强化围绕高校教学管理人员的培训不但能够剔除落后的、不合时宜的教学管理观念，还能够尽可能地让他们了解 MOOC 教学的作用和重要性，提升其 MOOC 教学管理的专业技术水平。在提升 MOOC 教学管理团队的专业化水平方面，需要做到以下三点。

（1）邀请知名专家学者开展关于信息化教学管理的讲座，定期对高校教学管理人员进行授课培训，同时迅速掌握相关学习情况与成果，尽可能地保证其专业性与其效果。

（2）开展"互联网＋"背景下教学管理相关研讨会，头脑风暴展开讨论，引发教学管理人员对于信息化教育的思考，对在线教育发展形势进行预判，促进高校信息化教育的发展，为后续工作打下基础。

（3）派遣相关教学管理人员到 MOOC 建设较为完善的典型高校进行调研和进修，学习借鉴其 MOOC 教学管理相关先进的管理经验，给未来的教学监管任务的进行和矛盾的处理创造新的解决方案。

（二）提升高校 MOOC 教学目标管理的地位

1. 教学目标指向能力与兴趣培养

MOOC 教学的目的不仅是教授和学习相关学科知识，其重点还放在了提升学生的独立自主能力、团队合作能力、顺畅交流的能力，以及创新思路的养成方面，其教学目的的核心就是勾起学生对知识的好奇心与兴趣。教学管理者要根据学生的实际情况与接受程度不断健全 MOOC 教学目的的创设，向着学生的学习与就业需要这一目标前进，努力开发学生需要掌握的关键技术和能力。从能力这一指标来看，MOOC 进行混合式学习的教学目的为最大程度地促进学习成果与效率，MOOC 的学习模式更加注重学生的探索学习水平、自主学习水平与合作学习能力的养成。基于兴趣指标可知，要想变成综合性的全才，仅具备渊博的学科知识与创新观念是远远不够的，兴趣是人最好的导师。因此，激发学生对学习的兴趣爱好也是 MOOC 教学目标之一，高校 MOOC 的应用为创造性人才的养成创造了良好的环境。MOOC 方式会对学生的自主学习水平提出更严苛的要求，然而部分学生的自主学习水平较低，相关观念不强。面对此种情况，必须刺激出学生的学习热情，让他们对学习更加具有好奇心，这样才可以推动学生发挥其学习的主观能动性，在主动解决问题与团队协作里明了学习的作用和重要性。

2. 充分发挥教学目标的功能

首先，教学目标具备导向作用。如果学生对于 MOOC 学习有了明确的目标，那么就会将注意力集中在与这个教学目标有关的教学活动之中，教师和学生有了共同的前进方向，使学习不再漫无目的。鲜明的教学目的能够指引学生围绕 MOOC 形成明确的学习目标，从而帮助强化学生学习的主观能动性，创设迎合自身需要的学习手段和学术环境。其次，教学目标具备鼓励作用。鼓励学生学习的要素之一就是教学目的，经由给学生理性细致地描述详细的教学目的，让学生对教学目标形成明确的认知，加深其对教学目的的掌握程度，从而使学生对即将学习的内容有所期待，这是教学目标激励功能的体现。明确的教学目标调动了学生学习的积极性，使学生自主参与到学习过程当中，有利于学习效果达到预期值。

高校教学管理者和授课教师要在 MOOC 学习过程中使学生对教学目标有明确清晰且全面的认识和了解，最大程度地利用教学目的的指引与鼓励作用。教学目的不但能够指引和激发学生的学习兴趣，其在高校一线教师和大学教学管理人员身上也能起到一样的效果。除了这些，教学目的还能够给教学项目与手段、课程开展与教学评估创造理论依据。因此，高校教学管理者要充分发挥教学目标的功能，制定合理的 MOOC 教学目标，促进高校 MOOC 教学效果的提升。

3. 鼓励学生参与高校 MOOC 教学目标管理

高校教学管理者应该发挥学生参与教学目标管理的主体性，鼓励学生参与 MOOC 教学目标管理，激励学生主动了解相关政策，推动学生参与到创设与改正大学 MOOC 教学目标的流程中。从高校已进行过 MOOC 学习、对 MOOC 模式有一定认识的学生里选拔出不同学院和年级的学生作为代表，针对教学目标的创设提出建设性意见，传达出广大学生的心声。学生代表们还能够基于学生的角度，围绕学习 MOOC 的现实作用和 MOOC 教学目的间的不同之处开展反馈，和教学监管人员一起讨论无法完全实现 MOOC 教学目的的缘由，以及如何完善。给学生参加 MOOC 教学目的创建的机会，有利于加深学生对 MOOC 教学目标的理解和认识，树立正确的学习动机，提升 MOOC 的教学效果。与此同时，经由学生信息的迅速反映，可以更好地推动高校 MOOC 教学目的监管任务的健康发展。

（三）加强高校 MOOC 课程建设的统筹管理

1. 增加高校 MOOC 课程的适用性和多样性

高校教学管理人员要在充分开发学生对 MOOC 课程的现实需要的前提

下，健全大学的 MOOC 课程创建，提高其普适性与丰富性，增设满足学生需要和有助于学生能力培养的 MOOC 课程。由于 MOOC 的混合式学习模式并不是适合所有高校在校学生，也不是适合于所有课程，因此，在教学过程管理课程设置的过程中一定要做到充分考虑不同学生、不同课程的各自特性，真正将 MOOC 课程设计和建设实施的权利交到授课教师和学生手中，充分体现学生在高校教学管理活动中的主体地位，让学生参与到课程设计当中，让他们能够行使自己的选择权和参与权。高校要最大程度地考虑学生的学习情况和前途，提供具有高适用性、多样性的 MOOC 课程给学生，满足学生发展的需要，提升学生的能力和综合素质。

2. 加大对 MOOC 平台的监管力度

首先，高校教学管理者根据高校 MOOC 的实际发展建设情况制定 MOOC 平台基本要求规范，保证将在线课程的质量放在首要位置。其次，降低学生操作的烦琐性与复杂性，搭建统一的校级 MOOC 平台，整合与规范适用于本校学生的在线教学资源。最后，要完善 MOOC 课程评价指标设定及落实具体的评价办法。组织校内外专家对于高校 MOOC 课程进行评价与审核，建立针对 MOOC 平台的动态评价机制、合理的退出机制，随时把控、及时监管，对于内容未达到相应质量标准、内容更新不及时、缺乏新意、内容与教学目标不一致的课程实行下线整改或退出，教学管理人员对 MOOC 课程的整体运行过程进行动态监督，以此促进高校 MOOC 平台课程质量的提升。

3. 试点翻转课堂，创新混合式教学模式

MOOC 对传统的教学模式影响很大，但是也不能解决所有问题，更不能完全取代课堂教学，将线上教育与线下教育相结合的混合式教学模式成为各大高校的探索方向。混合式教学模式就是将传统的课堂教学的优势和数字化教学的优势结合起来，这样既能发挥教师的启发、引导教学过程的主导作用，也能体现学生作为学习主体的主动性、积极性。混合式教学模式下，学生自己安排学习进度，自己决定学习的内容和深度，遇到疑问可以线上向教师或者其他学习者求助，也可以通过课堂教学直接向教师求助。教师从重复性的讲课中解放出来，有更多的时间和学生沟通、交流与互动。而学生从被动接受向主动学习转变，授课模式从传授式学习向探究式学习转变。

翻转课堂是混合式教学模式的主流形式，是把传统的教学模式"课堂教师讲课，课后学生作业"翻转为"课前学生自主学习，课堂教师答疑解惑"。具体的教学流程就是学生在家里通过观看视频自主学习，查找资料完成练习，发现疑难问题；课堂上学生提出疑难问题，教师组织交流讨论，解决问题。翻转课堂聚焦于每一个需要帮助的学生，让能力不同的学生变得更加优秀，使真正的差异化教学成为可能。学生在观看视频时可以随时暂停，直到学会，不用再为跟不上教学进度而焦虑。翻转课堂使师生之间、学生之间的交流增加了，有助于建立积极互动的学习氛围。

4. 加快区域间在线课程联盟建设

随着"互联网＋教育"的迅速发展，愿意借助创建线上教育联盟的手段来促进彼此进步的大学数量不断增加，为的就是借助教育机会平等化来减少地区间的教育距离，从而推动高等教育整体水平的提高。目前，高校应充分利用 MOOC 模式所带来的机遇，促进课程联盟建设的快速推进，经由不同学校之间围绕教学管理开展协作和沟通，寻求供给平衡的点，完成大学学生跨学校、跨专业学习的教育目标，以促进学生全面的个性化发展。治理强调的是多元主体的共同管理，是一种协作、互动，而不是自上而下的管理。高校的教学管理不是控制与约束师生，而是激励与鼓舞师生。树立教学管理是服务师生的理念，发挥教授专家治教的作用，充分体现学生的主体地位，激发和引导师生共同参与到教学管理工作中来。对教师和学生给予决策、建议和监督的权利，发挥教师学生的反馈与评价作用，使教师、学生、教学管理部门之间相互监督、相互制约。要推动 MOOC 的积极开展，仅靠单一的行政力量远远不够，要突破封闭式的管理，让利益相关者成为教学管理的主体，力争多元主体参与，包括校长、院系领导、教师、教学管理部门、学生、家长、社区等，积极创造机会，提高教师的领导能力，充分发挥校院两级教学指导委员会、学术委员会、教学督导委员会的教学管理与监督功能。高校区域间 MOOC 联盟平台的建设，不但有利于实现资源共享、促进校际间学分互认制度的完善，还对高校塑造学校特色，找寻自身定位，提升学校的综合影响力有促进作用。建立区域间高校 MOOC 课程联盟，高校教学管理工作者应该做到以下三点。

（1）以教育部门为主导，加强区域间高校协作互通，共同参与到 MOOC 的建设中去。

（2）高校根据自身需求特点，引进其他高校优质教学资源，加快经由教育资源的优化配置来创设跨专业的学科机制，打造全面型人才培养氛围，尽可能地借助"互联网＋教育"模式来营造新型教学环境，经由虚拟的教学互动来尽可能地激发老师与学生的学习积极性。

（3）选派教师去其他高校进行参观学习，吸取优秀的教学经验，提高课程建设的先进性和科学性。

建立新的教学管理方式，使"专业管理"向"课程管理"转变。在"课程管理"范式下，专业是课程的组织形式，教师通过组织课程，确定教学内容，学生通过选择课程，获取一定的知识能力。高校应突破传统的"专业"内涵，以劳动力市场为导向，提供与社会需求、个人需求相适应的课程，学生根据自己的意愿选择合适的课程，确定自己的主修专业，从而完成高等教育的学习。课程管理的重心在课程，高校可以建设不同类型、不同层次的教学内容和课程结构，不同的课程组合实现不同的专门化，从而打破专业的固化和静止。在 MOOC 背景下，高校应该充分利用 MOOC 的优势和特点，积极开发建设本土化的优质 MOOC。在本校 MOOC 建设能力不足的情况下，根据学校的人才培养方案和培养目标，引进适合本校学生的优质 MOOC。以"好大学在线""中国大学 MOOC"等为代表的大学教学平台的创建，重新打造地区间的线上学科联盟的教育形式，推动了地区间高校的协同进步，为中国的高等教育事业的创新贡献了自己的力量。但是创建大学地区间的联盟平台面临着极大的困难，只有高校间积极沟通、相互协调，才可以创建长期持续的良好协作关系，为将来大学间的 MOOC 联盟的创建创造前提条件，高校课程联盟一定会在将来的中国成为高等教育发展事业的主流。

（四）健全高校 MOOC 教师评价考核制度

1. 转变重科研轻教学的考评倾向

标准化与规范化是 MOOC 在高校顺利开展的基础与保障，高校教学管理部门要组织专家，尽快制定 MOOC 环境下的教学管理制度，建立和完善 MOOC 课程教学标准、课程运行标准、学分认证标准、工作量计算标准、教学评价标准、网络技术标准等。在 MOOC 课程建设方面，不仅要重视 MOOC 课程规模，更要重视质量建设，制定严格的课程认证标准，达到标准才能上线，对于上线的课程，要定期评估，对教学评价低、学生完成率低的课程要下线停开。制定适当的激励制度，一方面，激励教师积极投入 MOOC 建设中；另一方面，引导学生适应 MOOC 的教学方式，调动学生学习的积极性，制定学习效果评价标准和学生诚信奖惩制度。通过大数据分析学生的学习过程和学习成绩，提出有针对性的指导和解决方案。可以尝试与学生签订诚信保证书，使学生承诺不在学习与考试中作弊，对于诚实守信的学生给予褒奖，对于违反诚信制度的学生给予开除学籍等严重处罚。在学分认证和学籍管理方面，高校要创新管理制度。学生通过网络选课，高校之间互认学分，可以拿到外校的第二专业学位证书。这种学分互认的制度打破了高校之间的围墙，使优质教育资源共享，加速了高校的学分制及学位、学籍管理制度改革。为了提升教师的综合能力和创新意识，高校教师考核评价制度亟待完善与改进，需要由单一性考评转变成多元化考评，改变当前的高校重视科研成果，忽略教学表现的教师评估标准。要想推动高校教师教学的创新进步，就一定要健全教师考察评估体系。很长时间以来，我国大部分高校基本保持着以统一评价标准对教师进行评估考核，缺乏合理的分类评价机制，重视教师的科研成绩的同时，往往轻视了对教师教学成绩的认证与评价，评价体系的不健全，导致了部分高校科研功利化现象的出现。因此，高校教学管理部门应在教学管理活动中克服"重科研、轻教学"的倾向，完善高校教师的综合评价考核体系。

在 MOOC 广泛应用的背景下，一方面，高校在教师职称评定、教育资源分配等事宜上，应凸显教学的核心作用，关注传统教学和 MOOC 方式下的线上教学行为，把教学表现当成考察评估指标，而不是单纯的以科研成果为重点的考核标准，激发教师的教学热情；另一方面，考核评价标准与时俱进、因人而异，推行精细化分类管理模式，对于全身心投入一线教学的教师，对其科研成果不强制规定；对于擅长科研的教师，减少其课时安排，给予其充分时间潜心科研。这种精细化分类的管理模式针对性更强，充分考虑了高校教师工作的复杂性、创新性及个体差异性，对进一步健全多样化个性化的教师考核评价标准具有一定的参考价值。目前，国内以北京大学、浙江大学为代表的多所高校已经开展了管理制度的相关改良与革新，将科研岗与教学岗的教师分别管理，这样的模式也为我国高校教学管理工作的继续发展提供了新的方向。

2. 实行科学合理的团队考核评价

在实地调研中笔者发现，MOOC 应用背景下，高校教学管理者对于 MOOC 教学团队的评价仍然采用着"一刀切"的方式，MOOC 教学团队中各教师职责分工不尽相同，笼统的单一的评价方式削弱了部分教师对在线教学的积极性，影响了教学团队的良性运作与发展。针对评价考核方式不合理的问题，科学合理的团队考核评价方式的制定与实行显得尤为重要，高校教学管理人员可以从以下三个方面出发。

（1）对团队成员分类评价。MOOC 主讲教师以课时作为量化标准实施考核评价，以 MOOC 课堂教学效果为评价依据，以学生评教结果作为重要考量依据；此外，教学内容的新颖程度、与学生的互动交流活跃度都可以作为重要的考核评价标准；MOOC 课程制作教师从技术层面出发以课程的规范度和质量等作为参考；助理教师以辅助课时量及对应的主讲教师、学生的评价为参考依据。

（2）评价过程和评价结果并重。在 MOOC 应用中应更注重对教师教学过程的评价，对 MOOC 课程的实施过程跟踪管理，以结果评价为辅，提升考核评价的科学性。

（3）将团队行为考评纳入考核评价标准。MOOC 的教学结果是 MOOC 教学团队的共同成果，能够量化的数量、质量及团队成员所做的贡献相对比较容易进行考核。但是对 MOOC 教学团队成员团队行为的考评却缺乏量化标准，将成绩考评与行为考评进行有机结合，把团队行为考核评价纳入考评标准，对团队进行更加全面客观的考核评价，有助于建立更加客观的教师评价考核制度与体系。

3. 建立有效的教师教学激励机制

建立有效的教师教学激励机制，充分调动高校教师的主动性、积极性及创造性。在建立有效的教师教学激励机制方面，应做到以下两个方面。

（1）秉持科学性原则。现阶段，我国高校 MOOC 刚刚起步，各大高校对教师实行的激励制度往往停留在对在线教学领域出色的老师予以精神和物质奖励上，但是此方针没有对合格老师进行相关奖励的内容，激励制度的不合理导致激励政策更多地偏向主讲教师，严重制约了其他团队教师的创新意愿与能力，对于教师的职业发展和自身定位造成了不良的影响。

（2）加大 MOOC 课时量的转化力度，提高绩效补贴。MOOC 的发展需要校级政策的鼓励与支持，适当提高 MOOC 课时的转化量及绩效补贴，使从事在线教学的教师真正受益，使教师掌握教学的话语权，尊重教师的教学权利。MOOC 教师团队考核与管理应明确到每一位团队成员，在建立完善的评价体系的基础上，也应相应建立针对团队和成员的激励机制，不仅停留在物质层面，精神层面也要有所涉及，更大程度地激发 MOOC 团队成员的积极性与主动性。

（五）创新高校 MOOC 个性化学生学习管理制度

1. 探索学生学习评价新标准

MOOC 应用中的学生评价，应摒弃传统的单一考试和固定分数为标准的评价体系，多角度从学生的综合素质、创新思维、实践能力等方面考核评价。在探索学生学习管理评价新标准的过程中，应该做到以下三点。

（1）实现多元化评价方式。目前，国内部分高校的学生在 MOOC 课程学习的过程中，无法充分体现个性化学习的特点，高校管理人员对学生的学习评价也往往是结果导向而忽视对学习过程的管理。因此，在 MOOC 的学习过程中，教师除了通过考试成绩对学生进行评估外，还可以将课堂互动提问情况、练习作业完成情况等按一定比例纳入学生的学习评估，将过程性评价与总结性评价相结合，增加学生评价的科学性。

（2）实现多元化评价内容。从单一成绩评价向全面综合素质评价转变，充分考虑学生的自身特性，发现学生的闪光点，真正落实由单一的考试成绩变为非形式化的综合素质成绩考核。

（3）实现多元化评价主体。传统模式下学生被动接受评价，却缺失了自主评价的权利。MOOC 的应用使得评价方式逐步转向参与互动评价、自评与他评相结合的评价。与此同时，对某一学生个体的评价，可以由任课教师、课程内其他学生、学生自身等多元主体进行考核，传统模式下的被评价者也成了评价主体中的一员，有利于在平等、民主的互动中关注自身发展的需要，推动学生的独立进步过程。

2. 拓宽学生反馈信息的渠道

健全学生学习管理制度是学生学习质量管理的保障，可以更好地推动学生综合素质的提高及高校教学管理的完成。在完善学生监管体系时，必须尽可能地参考听取学生的声音，强化监管体系的创新力与包容性，更好地促进体系的民主和科学作用的发挥。拓宽学生反馈信息的渠道能够最大化了解学生的感受与需求，切实完成高校教学管理的以人为本的目标。在拓宽学生反馈信息的渠道过程中，应该做到以下三点。

（1）充分利用反馈时段。在整个 MOOC 课程的阶段经由师生的反馈，掌握学生对线上课程的学习成果和相关感受，注意学生的实际需要，切实记下有价值的意见和建议，指引将来的学生学习管理工作的发展目标。

（2）借助高校新媒体辅助搜集反馈信息。利用大学的官方网站、微博和微信等在线方式来推送 MOOC 相关问卷，了解学生在 MOOC 在线课程学习过程中的真实需求。教学管理工作者需要提升自身应对数据收集和研究的水平，以及决定与操作水平，经由相关数据资料，找出更深入的矛盾，力求改善学生学习管理效果。

（3）高校教学管理者与学生平等交流。在日常教学管理过程中，需要暂时忽略老师和学生之间的地位差距，切实融入学生的日常学习生活里，用更加直接的方式来和学生进行换位思考，探索当前出现的矛盾，尽可能地坚持人本思想。高校教学管理的根本服务目标就是学生，树立正确的服务观念、贯彻落实以人为本原则，了解学生群体的真实诉求，使教学质量稳步提升才是高校教学管理工作的正确方向。

3. 完善高校间学分互认制度

随着教育全球化、在线教育的飞速发展和高校学分体系革新的深化，实现学分互认变得尤为关键。MOOC 的出现为高校学分互认的发展提供了新的机遇，但此项工作不是一朝一夕就能够完成的，目前，高校的学分互认体制机制还不够成熟，实际管理难度较大，建议从以下三个方面加强制度建设。

（1）创建高校学分认定委员会。领导进行 MOOC 课程的学分认定过程，为学生和教师提供咨询服务，协调各高校间的学分认证与转换。与此同时，各高校也应设立相应的对接部门，依据实际情况有效开展学分互认工作和转换工作。

（2）制定系统化学分互认标准。创建 MOOC 等线上公开课程教学质量认定指标，将通过高校认定的在线课程纳入人才培养方案，并制定在线课程的教学效果评价办法和学生修读在线课程的学分认定办法。在保证教学质量的前提下，学校开展在线学习、在线学习与课堂教学相结合等多种方式的学分认定、学分转换和学习过程认定。为了实现各种类型的学分互认，相关教育部门需要研制统一的学分互认标准。

（3）国家层面的法律政策支持。可以借鉴国外学分互认相关经验，例如，韩国的"学分银行制"，其建立了学分互换认证标准及全国统一的课程标准体系；日本颁布的《学校教育法》确立了学分互认的合法性，鼓励高校之间开展学分互认。

第六节　基于教学学术的高校教学管理创新

教学学术概念一定程度上破解了备受社会诟病的高校面临的难题，但是在我国高校，教学学术理念依然缺失、教学管理制度不够完善和灵活。因此，我们要树立教学学术理念，创新教学管理的体制机制，从而给教学应有的位置，使教学质量得到切实提高。

自 20 世纪 90 年代美国学者提出"教学学术"的概念以来，世界范围内掀起了关注教学学术、研究教学学术的热潮，在实践上一定程度改变了部分高校忽视教学，或者不重视教学，或者科研冲击教学的现象。然而，尽管有国内学者的呼吁，也有敏锐的高校管理者的努力，但国内许多高校重科研、轻教学的倾向依然很严重。多数教师把大部分时间和精力投入科学研究中，较少考虑教学和教学学术等，偏离了大学的本真。因此，我们从教学学术的视角对教学管理中教学学术元素的缺失进行探讨，并提出创新教学管理的建议。

一、教学学术的内涵

教学非学术，教学首先是一种学术活动和一个能动过程，是维系教师和学生之间关系的桥梁。在一个好的教学过程中，教师既是知识传授者，也是新知识的学习者，教师很可能在此过程中得到创造性的发展。因此，把高等学校教学研究纳入学术范畴，使之成为教学学术是理所应当的。

教学学术概念的提出吸引了众多学者的目光。有的对教学学术作出行为描述，阐述教学学术行为的具体特征；有的对教学学术的构成作出分解，阐释教学学术的组合要素；有的对教学学术的概念作出整合，构建教学学术的系统模型。教学学术的概念因为争论而更加清晰，虽然各家仍有差异，但是都对教学学术的共同特征达成共识，即反思、交流、公开化。

高等学校教学的学术性是由教学的内在本质和特征所决定的。同时，高校发展的规律决定了教学在大学中也必然享有学术地位。高等学校教学的学术性决定了教学管理必须立足于教学，从理念到制度，从领导到普通管理人员的中心都应该是教学。然而，现实并非尽如理想。

二、高校教学管理中教学学术缺失的现状

在当前许多高校教学管理中，不同程度地存在忽视教学学术的现象，特别是管理理念、评价机制、激励机制等方面。

（一）管理理念的缺失

理念先行带动管理的成效。高校各级各类教学管理人员所秉持的管理理念将直接影响学校的发展方向和管理成效。根据我们的调查，与国外相比，我国学者关于教学学术的理论研究仍不够成熟，主要以引介为主，致使教学管理者在实践中缺乏教学学术理论支持。不少管理者偏狭地看待学术内涵，他们认为只有生产知识才称得上学术研究，把学术视为发表学术论文与出版学术专著，传播知识的教学未列入学术范围。故此，他们就不可能把教学上升到学术的层面进行探讨，而是把大学教学仅当作肤浅的技能。同时，为数颇多的高校管理者未能区分学科学术与教学学术之间的差异，从而采取相同的管理方式、方法对两种具有较大差异性的活动进行管理，不重视教学学术规律的独特性。认识的偏差使管理者在开展教学管理工作时缺乏教学学术理念的指导，热衷于教学的教师在教学上所做的努力和贡献都得不到合理而公正的认可和评价。从而导致那些潜心钻研教学、全身心投入教学的教师的缺少成就感，进而影响到工作的积极性、影响到高等学校的教学质量。

（二）缺乏质量意识

根据我们的调查结果，许多高校教师缺乏教学质量意识。他们大多数人以上课的课时量来看待教学工作，较少关注教学效果，教学质量被忽视。高校管理人员考核教师的指标以具体可测的论文篇数、著作多少、课题级别等指标为主。至于教学，也是看课时量的多寡，对于质量缺少相应的可以测量的指标体系。长期以来，教学工作的重要性停留在口头上和文件中，具体落实效果不甚理想。如此，造成教学管理人员不重视教学质量，不关注教学质量；教师不关注教学，不研究教学。教学工作中心地位被忽视，教学工作表面被重视而实际上边缘化。

（三）评价机制缺乏灵活性

目前，我国多数高校对教学工作重要性的认识仍旧停留在文件中和口头上，对教学工作的成绩承认不足，对教学工作的考核，对教学工作量分解的方法，缺乏具体的、有效的、可操作的方法。通过我们的调查发现，大多数高校的教师晋升主要是依据科研成果。尽管每所高校都会定期考核科研成果与教学成果，但其中科研成果所占权重远远超过教学成果。由于科研成果的多少与质量是教师晋升的主要依据，涉及教师的切身利益，很容易导致一部分教师重点关注各自的专业领域，产生错误的科研决定论，误认为学术上的成就可以替代教学的成就，科研好教学质量就高；还会导致一些教师把目光盯在出论著、发论文上，对教学投入较少。教师的教学质量与研究相比其他科研来说难以量化评价，尽管部分高校出台教学岗位职称晋升办法，但是其条件也是以可量化的，如教学比赛获奖等级等为主要指标，许多全身心投入教学、教学效果好的教师很少有机会获奖。这大概就是"周鼎现象"产生的根源。如此僵化的评价机制，忽视了教学的中心地位、忽视了教学的学术性。

（四）激励机制缺失

在多数高校，教师不重视教学的原因还在于对教师的激励机制乏力。教学中心地位的突出，需要全校上下都重视教学，日常的行为围绕着教学，管理人员服务教学，教师重视教学学术，关注教学问题。但是，学校缺乏对教师出色的教学艺术、教学方法和教学成效的欣赏、承认、关心和高度评价，对教师教学的激励也不足。许多高校正在执行的教师绩效考核与教学质量关系不大，教学效果好坏对考核结果影响不大。如此便导致教师教学学术发展缺乏外在的来自组织的动力，进而造成教学质量下滑。

（五）约束机制乏力

除了激励机制缺失之外，许多高校对教师的教学行为约束不足是造成教学质量下滑的另一原因。约束机制是为规范组织成员行为，便于组织有序运转，充分发挥其作用而经法定程序制定和颁布执行的具有规范性要求、标准的规章制度和手段的总称。虽然各高校都有相应的教学管理的约束机制，但执行起来往往不到位，显得乏力。各高校对于备课、教学纪律、教学方法、教学考核等都有具体要求，但是对不认真履行职责的教师特别是科研能力强、科研成果多而不能履行教学职责的教师往往不按照制度执行。

三、以教学学术引导高校教学管理创新

为了促进高校教学质量的提高，回归大学本位，我们从教学学术的视角分析了教学管理中存在的不足，有针对性地提出以下对策促进教学管理的创新。

（一）树立教学学术的教学管理理念

教学学术不单单是一种理论，更是一种理念。为了实现教学管理工作的创新，高校内部各级教学管理人员要树立教学学术理念，用教学学术统领教学管理工作。首先，要充分认识教学的学术性。教学管理者要认真学习教学学术理论，充分厘清教学学术的意义、内涵、作用和运行规律，将教学学术放在与知识生产的学术同等重要的位置。关注教学学术，把对教师在教学学术方面的期望通过制度融合到他们的工作中，营造敏于观察教学现象、善于研究教学问题、勇于发表教学见解的氛围。其次，要制定教学学术制度，规范教师教学行为，激励教学成就，搭建教师教学学术发展的平台。

（二）构建教学学术主导的评价机制

教学中心地位的突出很大程度上取决于评价机制的有效促进。在教学学术日益凸显价值的今天，应该构建以教学学术为主导的评价机制，加大教学学术在绩效考核体系中的权重，有针对性地对教学工作作出评价。首先，制定突出教学中心地位的评价指标体系。把教师对教学内容的选择与创新，教学方法的灵活运用，教师之间的互相交流与合作，教学的反思与研究等纳入教学评价中。其次，要建立同行评价机制。同行专家在专业领域具有权威性，更能够理解教学学术的意义，掌握着本专业教学的规律和评价标准，他们的评价往往更容易让其他教师接受，他们的肯定会使其他教师得到精神上的满足，从而调动其教学积极性，促进其教学学术水平的提高。

（三）促进教学管理制度的系统化

在实际的教学管理中，制度完善和系统化是突出教学中心地位的关键。因此，我们应该以教学学术为主导，进一步完善教学准入制度、教学研究制度、教学交流与表达制度、教学质量管理制度、教学改革制度、教学反思制度、教学档案管理制度、教学经费投入与使用制度等。教学准入制度的完善将会改变过去的高校教师资格门槛过低的情况。通过准入制度可以对教师的学历、学位作出更高的规定，同时可以制定退出机制，从而保障从事教学的教师的教学学术水平。在教学质量管理制度方面，要构建教学信息获取机制，全方位、多渠道了解教学实际，从而对教学质量做出准确的合理评价，真正保障教学质量。教学档案管理制度将成为教学评价真实可靠的依据，为教师教学学术水平的发展和提高提供参考。

教学管理制度的制定务必要围绕教学学术来完成，每一种制度的制定和完善要与其他制度相协调、不冲突，才能发挥管理制度的整体功能，从而使教师教学学术的发展得到保证。如果各种制度之间缺乏协调、各自独立或者各种规则出现矛盾，那将失去教学管理制度保障教学学术正常发展运行的功能。因此，各类教学管理制度要系统化，互相组合成为整体。

（四）构建教学学术主导的激励和约束机制

激励约束是主体根据组织目标、人的行为规律，通过各种方式，去激发人的动力，使人有一股内在的动力和要求，迸发出积极性、主动性和创造性，同时规范人的行为，朝着激励主体所期望的目标前进的过程。在多数高校的教学管理制度中，激励和约束机制行政化程度过高，激励不到位而约束失位。以教学学术为主导的激励和约束机制应该平衡激励和约束的关系，使其相得益彰。就激励机制而言，高校应该以教学学术为中心设立奖项，激励教师探索教学、研究教学。例如，可以设置基于同行专家评价的教学成果奖、教学创新奖，并将这些奖励纳入教师晋级之中。同时，建立教师发表机制，鼓励教师公开教学成果。高校应该为教师教学学术发展搭建平台，让教师在一定范围内公开发表教学见解、交流教学经验、彼此评价教学效果等，从而使教学的学术地位得到承认，使教师在一定范围内得到赏识，从而树立信心，促进其教学学术水平提高。

然而，仅有激励不足以充分发挥教师的教学学术水平，还必须建立有效的约束机制。高校可以建立多层次的教学质量监控体系来规约束部分教师的不良教学行为，使教师能够按照制度要求规范各自行为，认真履行职责，确保教学质量，改变教师"重研轻教"的倾向。而且，约束机制要宽严适度，既有规则又具有灵活性。

激励和约束机制是一体两面，缺一不可。因此，为了充分调动教师的积极性，使其发挥教学潜能，既要以各种激励措施来激发教师从事教学的主动性，还要通过约束机制规范教师不良教学行为。两者互相依存，缺一不可。因此，我们要平衡两者之间的关系，使其相得益彰。

一言以蔽之，教学管理的创新必须由教学学术来主导，围绕着教学完善制度，构建机制，贯彻有效措施，平衡各种关系，才能真正提高教学质量，回归大学本位，办让人民满意的教育。

第七节　基于知识管理的高校教学管理创新

高校教学管理是高校管理的核心，知识管理是伴随着知识经济应运而生的一种新型管理理论。本节以知识管理与教学管理创新相结合为基本点，对知识管理与高校教学管理创新相结合的实现途径进行了阐述，旨在使高校重视和运用知识管理，推进教学管理创新步伐，以增强高校自身的竞争力。

一、高校教学管理的现状、内容及价值链构成

长期以来，高校为谋求自身发展，在教学管理方面均采取了相应的改革措施，使教师在专业技能、教学质量及学生的学习方法、成绩测定等方面有了很大的改进和提高。虽如此，高校教学管理还存在许多不尽如人意的地方，例如，教师获取显性知识的积极性不高；教师缺乏学习和知识共享的气氛；教学管理环节多且管理混乱，管理效率低下；教学管理中违背教学规律等现象比较突出；学生缺乏学习知识的积极性，不但理论知识学习掌握不够，而且实践能力和适应社会发展的创新能力低下。

高校教学管理的内容及价值链构成。高校教学管理是由两个紧密联系的价值链条构成的，一是教师管理及教学效果评价价值链；二是学生学习及创新能力培养效果评价价值链。两个价值链条相互依存、相互影响。

从以上价值链的构成来看，在整个教学管理中，无论是对教师还是对学生的管理，其内容都构成了一个完整的、复杂的系统工程，而且每一个

方面都表现为知识的存在和知识的运用。

二、高校教学管理创新中实施知识管理的必要性

知识管理是高校教学管理创新工作自身发展的需要。高校只有通过教学管理创新，才能使知识的传授在学校与教师、教师与教师、学校与学生、教师与学生之间有机地联系起来，更能创造一种教师和学生所拥有的显性知识与隐性知识互动的机制和平台，特别是教师将创造出新知识传授给学生，以最大限度地满足社会发展的需要，这正是高校能得以生存发展的根本。

科学的知识管理模式能使高校教学管理创新工作实现有效管理。高校教学为适应培养复合型人才的需要，必须引入知识管理的管理模式，采用现代技术手段和管理方法对教学过程实施有效管理。高校教学管理中成功实施知识管理，可以充分激活人与其所拥有的知识两大管理要素，可以使教师所拥有的知识得以充分运用，并对其进行更加合理地组合，其中对人的"智力——教师"这一核心要素的挖掘最为关键。

推进知识管理是高校自身特点的要求。高校智力和人才、研究开发能力、创新能力等与企业存在差别而有其自身的特点，而高校的发展，就需要充分发挥智力资本和人才优势，提高研发和创新能力，在客观上决定了高校教学管理创新中知识管理的紧迫性。

三、知识管理与高校教学管理创新的关系分析

知识管理为高校教学管理创新提供基本理论支持。从教学管理价值链构成要素看，对教学管理整个链条的战略谋划，每一个环节的组织协调，前瞻性或创新性知识的获取及传授，教师实践能力的提高，学生实践能力的培养及教学效果的评价都需要以全面、系统、科学的理论为依据。教学管理战略是在通过知识管理对来自学校所需人才信息进

行深入分析的基础上、对复杂多变市场环境的把握上，对人才培养面临的机遇和挑战做出灵敏反应，以准确预测市场发展变化趋势，从而使教师所获取和传授的知识符合市场发展的要求。知识传授与学习过程不仅需要教师有丰富的、创新性的知识，而且还需要借助于现代化的硬件设备；而实践能力则是为适应市场经济的要求培养应用型人才的客观需要；评价是对教师教学质量、效果，学生学习及接受程度所进行的综合性测试和总结。

知识管理为教学管理创新提供人才资源保障。教学管理创新是通过人来实现的，高校无论是教学管理人员还是教师，其本身都是由有知识的人组成的整体，关键问题是如何发挥人才的作用。因为人只是知识、智慧的载体，通过知识管理，可针对性地引进并培养高素质的教学管理人才，以强化教学管理创新的战略决策能力，并通过建立教学管理创新运作机制和完善各项管理制度，充分调动教学管理人才在教学管理方面创新的积极性，以增强高校的核心竞争力。

知识管理促进教学管理创新中知识的共享，提升高校核心竞争力。知识共享的程度越高，给教学带来的利益就越多，但知识还具有高度分散性和隐蔽性，故对知识的共享形成了障碍，使高校教师出于自身利益和竞争的需要而对知识采取垄断的态度，不愿将自己的知识分享给同行或将自己的内隐知识传授给学生，从而阻碍了知识的传播和扩散。而高校知识管理的实施，就是在知识拥有和知识应用之间架起一座桥梁，疏通知识转化渠道，不断提高知识共享程度，以加快教学管理创新步伐。

知识管理提升教学管理创新能力。知识管理的最终目的是支持高校教学管理的创新、创意，形成新的管理创新思想和新的管理理念。通过知识管理活动，充分利用知识、内化知识、创造知识、传授知识及运用知识，使创新思想变为现实，不但增强了高校自身的竞争力，也使高校核心竞争力的价值最终得以实现。

　　知识管理为教学管理创新营造文化氛围。由于教学管理创新过程需要进行必要的监督，通过知识管理，营造出高校内部教学各单位的协调统一，决策者对学生的关心支持和帮助，健全完善的规章制度的控制、鼓励教师具有进取和冒险、以绩效决定工资报酬和晋升报酬，以及失败宽容在内的文化氛围，不仅降低监督成本，而且为教师和学生提供了一种无处不在的自律监督力量，以此来加快高校教学管理创新的步伐。

　　教学管理创新是组织知识转化为教学管理创新思想的实践。教学管理创新思想的形成，不是凭空出现的，而是教学管理人员经过知识管理过程，将有用信息转化为教学管理创新理念以后，再进一步将该理念转化为教学管理创新的新思想，从而形成教学管理创新的前提。

　　随着市场经济的不断发展，高校面临的竞争日趋加剧，这种竞争实质上是人才的竞争，能否抓住高素质的人才，将直接关系到高校的成败。然而高校人才流失已经成为一种普遍现象，特别是一些规模小、历史短或处在偏远地区的高校，人才流失已成为制约部分高校发展的一大因素。教学管理创新实施知识管理，将有助于高校更加重视高素质创新人才机制的健全和完善，造就一支能适应市场竞争的高校人才队伍，满足市场对人才培养和创新技术的需要。

　　教学管理创新过程是知识管理方法论的运用过程。教学管理创新思想的形成，仅是知识管理开始实践的第一步，为达到预期的目标，还必须进行创新决策、创新实施等环节。因此，教学管理创新过程是知识管理形成的创新思想价值在这一环节的实现。教学管理创新一方面使技术创新思想成为一种现实，另一方面使知识管理过程中形成的系统、全面的组织专业知识在教学管理创新中得到运用。

　　人才培养素质的提高是教学管理创新中知识管理的结晶。知识管理的最终目的是提高人才培养的综合素质，除人才培养本身质量外，重要的是在教学管理创新过程中知识管理实施培养人才在社会实践中所得到的检验。因此，人才培养的社会化过程，实际上就是知识管理理论和方法的实践的延伸。这一过程不仅检验了理论的可行性，也体现了知识管理与教学管理创新的价值。

四、知识管理与教学管理创新相结合的实现途径

重视知识管理对教学管理创新的作用。教学管理创新是在高校内部经过整合知识和技能，通过协调和整合教学管理人员、教师的知识和技能，使其发挥最大成效成为高校的生存之本。而这种协调和整合需要有高校文化的长期牵引、激励约束机制的内部动力和科学规范管理的推动，只有当三者达到最佳结合时，才能使高校的教学管理创新得以实现，而结合的最佳手段和方法则是知识管理的实施。通过知识管理所建立起来的高校文化、激励约束机制及科学规范的管理制度，才能将涉及影响教学管理创新的各个因素整合起来，形成整体和系统优势。

搭建知识管理平台，为教学管理创新提供基础保障。高校教学管理创新是一项长期、复杂的系统工程，因此，必须搭建知识管理平台，通过对知识的获取、分析、存储、共享、利用、评价等工作的开展，为教学管理创新提供基础保障。一是进行知识交流与共享的宣传，通过知识交流与共享的宣传，使教师逐渐形成自觉，能够主动地参与到知识的交流与共享中。二是建立知识网络和创造适宜的环境，主要是将蕴藏在教师个人头脑中的知识同市场信息结合起来，以保证教学管理创新活动不断进行。三是建立知识创新的驱动机制，随着高校面对的市场竞争愈加激烈，高校拥有领先一步的管理和更高的质量就成了制胜的关键。因此，创造适宜的条件和环境，充分开发和利用高校的知识资源，进行以教学管理创新、提高教学质量、培养更加符合市场经济要求的人才为目的知识管理，是高校发展中的一项重要内容。

强化高校的战略决策能力。高校教学管理创新是依据自身的发展战略

进行的，而高校的战略决策能力直接影响教学管理创新，利用知识管理平台，提高对高校人才培养市场信息的收集和分析能力，明确自己的战略定位，明白应该追求什么、放弃什么，并根据高校发展的不同阶段，不断适时调整战略决策，在保证战略决策能力的有效性和独特性的同时，使教学管理创新长期处在动态之中。

构建高校专业发展的核心力量。高校专业发展的核心力量有存量和流量之分。核心力量的存量是高校专业发展的储备水平，是核心专业发展的基础；核心力量的流量是指专业发展的创新能力。利用知识管理平台，提高高校专业发展核心力量的储备水平及专业发展创新能力，保证高校专业发展存量、流量的增加，使高校自身逐渐形成专业发展的核心力量。世界许多知名高校之所以能够生命力旺盛、经久不衰，关键的一点就是其通过持续的研究、创新，不断打造专业发展的核心力量，特别是教学管理方面的创新，使其不断培养出高素质的人才，并持续的进行知识、管理经验的积累和创新，从而加强自身发展的核心竞争力量，使其长久立于不败之地。

形成独特的高校文化。高校文化是高校的观念知识和组织知识合成的知识系统，是高校运作理念和社会主义核心价值观的体现。如同人一样，一个人最让别人折服的还是个人魅力，高校文化是高校核心竞争力中最有魅力的部分。在许多高校热衷于复制其他高校或国外高校教学管理经验甚至进行人才挖掘时，高校文化就成了高校长期健康发展的动力。

知识管理为高校教学管理创新奠定了理论和方法论基础。教学管理创新为知识管理价值提供了实现过程，因此，两者处在一个统一体中，使高校在实施知识管理的同时，必须结合教学管理创新的实践，使知识管理的理论与方法真正达到与教学管理创新实践的紧密结合，以知识管理助推教学管理创新步伐，使高校在持续不断的教学管理创新中得到更好、更快的发展。

第八节　新媒体高校教学管理创新存在的问题

教学管理的创新问题已经成为各高校的共识，大家对创新的必要性进行了大量论述，并就如何创新提出了一些建设性意见。然而在实际执行过程中，有许多问题阻碍着创新的进一步深入，使教学创新流于形式。解决问题的关键在于切实可行的对策，并一以贯之。

近年来，随着扩招和教育改革的不断深入，我国高等教育已经由精英教育转向大众教育，教学管理的内容和对象也日益复杂。为适应这一形势，广大教学管理人员主动适应现代社会发展需要，尤其是高等教育发展需要，与时俱进，对管理理念、管理资源、管理手段等主动调整、更新，管理创新的呼声日渐高涨。随着创新活动的逐步开展，暴露出许多设计和执行的问题，如何解决并进一步推动创新是当务之急。

一、当前高校教学管理创新存在的问题

对教学管理创新的支持力度不足。教学管理的重要性和必要性已经得到许多校长的认可。随着人才培养水平评估工作的深入开展，教学管理的规范性逐步得到重视和提高，各类规章制度日趋完善，必要的管理岗位和管理人员也得以设立与充实。但许多学校把工作的重点放在了教学创新和专业建设方面，对教学管理的创新缺乏理念的支持和引导，缺乏必要的要求和足够的重视，对教学管理创新的探索零星而散乱，难以对教学工作起到系统的支撑作用。实际上，各高校对教师的教学创新和改革支持力度要远远大于教学管理人员，客观上造成教学管理创新的滞后。

现实情况是，认识到教学管理中以人为本重要性的教师和管理者不少，但确立理念并贯彻的学校却很少。要改变这种状况，首先，由校长牵头，在领导层统一思想，再进行自上而下的人本理念的推广和渗透，

在日常言行和工作过程中，领导层尤其要注意以身作则。其次，在实际工作中进行工作模式的理念固化，使人本理念深入人心。例如，与奖励教学效果的奖教金一样，设立管理创新奖，重点奖励管理人员在工作中的创新之举，由教师和管理人员共同评选，对获奖人的做法进行全校宣传和介绍。同时，应加大对教学管理的关注力度，从科研要求、管理效果等方面加强考核，应接近对教师的考核力度，并从经费支持、政策倾向等方面向普通教师靠拢。最后，在教学服务、检查和监督过程中要注重民主化，尊重学术的权威。充分尊重教师和学生意见，实行民主决策，提高决策的科学性和管理效能。充分发挥学校学术委员会、教学督导部门、教学指导委员会专家的作用，依靠专家、学者，使行政管理职能和学术管理职能有机融合。

评估工作的一个重要内容就是规范教学秩序，规范管理流程和手段。目前，规范的理念已深入人心，各项规章制度逐步设立，校方也更为重视教学管理部门的教学保障功能，但这并不表明教学管理已走上规范的轨道。事实上，管理人员为了规范而整日忙碌于事务性工作，产生了大量部门和岗位之间的内耗性劳动，并未产生实际效益，对教学质量的提升也起不到有力的促进作用，造成人力资源的浪费。原先传统的工作方法和习惯仍具有较大惯性，尤其是在历史时间较长、老员工较多的院校中表现明显。因此，在这种强调规范却尚未完全完善的环境中创新，容易引起思想的混乱，混淆工作的主次，会在一定程度上阻碍创新思想的萌发。

高校教学管理本身日益复杂。主要表现包括：一是学生、教师数量急剧增加，管理宽度扩大；二是专业设置快速多变，传统管理方式逐步向跨学科管理转变；三是很多高校在合并过程中出现跨校区管理，导致教学管理难度和复杂程度增加、教学资源分散、校园文化建设难以统一等诸多新的问题；四是不少高校，尤其是高职院校的办学形式日益多样，学历教育层次较多，一套人马管理多类学生，面临的管理难度不小。以上种种因素表明高校的教学管理创新已成必然。高校教学管理存在的具体问题如下。

（一）教学管理进程缓慢

随着新媒体技术的不断发展及其在教学管理过程中的逐渐应用，高校教学管理者不断反思自己的教学管理方式，以求适应新媒体技术的发展趋势，从而进一步改善教学管理。但从教学管理现状来看，改革的步伐仍十分缓慢，主要表现在以下两个方面。

1. 对新媒体技术的认识不足

随着新媒体技术对公众的影响力不断提升，一些高校对新媒体技术在教学管理上的运用认识不足，或者存在认识上的偏差和误区，或者不会使用新媒体技术甚至不熟悉新媒体技术。也有一些高校的思维意识没有与时俱进，认为新媒体技术与传统的媒体技术并没有太大的区别，传统的媒体使用模式与方法就足以应对新媒体技术条件下高校所面对的挑战。有些高校教学管理者自己本身的新媒体技术素养没有得到改善和提高，因此也就无法认识到新媒体条件下教学管理客体在接受信息渠道和方式上的改变，也没有认识到新媒体技术所带来的影响会使得师生的思想和行为的选择性、独立性和差异性都发生明显的改变，更没有认识到新媒体所带来的思想观念、生活习惯的不同所导致的矛盾的产生。这些都导致高校教学管理者在利用新媒体技术进行教学管理时，无论是在方法上还是技术手段上都与当今时代师生的切身需求脱节了。

2. 对新媒体技术的重视不够

在新媒体技术广泛应用的今天，将新媒体技术与高校教学管理进行整合，是教学管理者和高校师生所要共同面对的问题。然而有些学校的教学管理者自身对新媒体技术抵触和排斥，对高校教师与学生积极利用新媒体技术参与教学管理也存在漠视，甚至在思想上就对师生参与教学管理表现出拒绝的态度，认为师生过多利用新媒体技术会使得高校的教学管理工作变得更加复杂。也有一些高校的教学管理者过于放大新媒体技术本身的一些缺陷，将新媒体视作大敌，对于师生利用新媒体技术发表自己的言论更是大加抵制，因而在发动师生利用新媒体技术参与高校教学管理上更加缺乏积极性，不仅起不到调动师生利用新媒体提升校园文化正能量的作用，反而在某种程度上引起了高校师生对教学管理的逆反心理，从而使得高校利用新媒体进行教学管理流于空谈。

（二）教学管理方式的挑战

1. 教育者的权威在一定程度上遭到削弱

传统高校教学中，教师是文化知识传播的主导者，而在这个新媒体技术异军突起的时代，借助新媒体技术所获取的信息与思想对传统教师教学造成了很大的冲击，更在一定程度上消解了教师的权威，而教学管理者也面临着同样的困境。一方面，高校教师及管理人员由于受到自身新媒体素质、行政事务、工作时间等的限制，在教学管理相关信息的获取上陷入了一个尴尬的境地，学生可以与他们同时获取信息，甚至提前获知，这使得高校教师及管理者的权威性受到一定消解；另一方面，新媒体技术为学生与教师和管理者之间的平等相处搭建了平台，由于学生信息接触面日益广泛，不同的思想观点和价值观念充斥着整个社会，这就使得高校学生可以更主动且可以选择多维的角度去理解信息，当然也更加乐于根据自身的是非观念来进行判断。在这种情况下，传统教学管理过程中教师及管理人员的信息优势正在逐步减弱，特别是当前有些处在一线的教师及管理者并没有深刻理解新媒体技术条件下教学管理所呈现出的新特征和规律，因而很难有效地开展教学管理工作，这也导致教师及管理者的权威性受到了强烈的冲击。

2. 学生易出现懈怠性行为

新媒体技术的流行，一方面促成了学生通过简单词语搜索、点击便可直接获得答案的知识学习方式，这在较大程度上弱化了学生对知识操作与技能学习需要艰辛探索这样观点的认知，倾向于被动式学习的学生对知识满足于"是什么"的简单现象描述，对于知识中应当追问的"为什么"，不能形成自发的态势，不能形成有效的自我约束动力，因而也就更不会去主动形成"怎么办"的实际问题应对习惯；另一方面，悦趣化教学方式也增加了学生对教师教学环节的挑剔，这从另一个方面也挑战了教师的权威。两种误区的存在加大了教学管理人员对教学过程监控的难度，如何引导学生形成正确的学习方式，如何建设良好的学风问题需要教学管理者付出更多的时间与精力。除此之外，这种现象对学生自身素质修养的提升也存在较大的阻碍作用，虽然对于新媒体技术的到来，教学管理上所倡导的做法是顺势而为，但学生也应意识到其终究不能代替传统媒体的实践教学，即便是移动终端再便捷，社交网络和自媒体再贴近使用目标，他们要做的仍然是要尽可能自己去探索知识，从而获得真正的提升。

（三）教学管理信息存在安全隐患

1. 信息资源来源广泛，建设力度大

新媒体技术的广泛应用使得高校教学管理工作琐碎而复杂。首先，高校学生对新媒体技术追捧与热爱且具有极大的依赖性，而新媒体技术带来的海量信息良莠不齐，这对他们而言具有极大的冲击力，如何帮助大学生群体对信息资源进行甄别，制止有害信息大行其道成为教学管理者的一大难题；其次，新媒体技术的互动性使得高校师生不再作为信息的被动接受者，信息的传递也从单向变为双向，高校师生成为了生产并传播内容的"自媒体"，而又由于不同个体及群体之间态度价值观的不同，在传播观点上存在很大的差异，从而在新媒体技术的使用上表现出了"众声喧哗"的去中心化现象，这也增加了高校教学管理的难度；最后，在课堂教学上，信息大爆炸所带来的海量信息，使得与教学不相关的信息也充斥在整个

教学中，比如，在课堂教学的互动中，极容易产生教学目标的偏离，甚至是思想逃逸，最终影响教学效果，这也加大了课堂教学管理的难度。教学管理者对教学新媒体技术的选择，引导教师学习新媒体技术的使用，以及如何掌控通过新媒体技术所传播的信息成为教学管理者的关注重点，因而加强教学资源建设的问题仍是教学管理者在快速发展的新媒体环境下的一大困扰。

2. 教学管理数据安全问题

高校教学管理系统中存在众多信息，比如，和学生的成绩、学籍相关的至关重要的数据，教学资源数据库、科研教学管理的数据、办公系统中老师的个人信息、联系方式、学院公文等，这些数据很多都是涉密信息，对于高校来说是绝对不允许外流和丢失的，因此应当重点保护。而随着新媒体技术的开放性、便捷性、共享性的功能越来越强大，高校教学管理数据所面临的威胁也越来越多，表现形式有四种：第一，网络攻击。主要表现为网络病毒对高校教学管理相关网站的攻击；第二，通过网络篡改数据，比如，一些电脑黑客利用网络侵入教学管理系统，篡改学生成绩等；第三，移动设备丢失，移动手机、移动存储器、平板电脑已成为越来越多人的生活必备品，丢失的情况不可避免，也给我们的数据安全留下了隐患；第四，缺乏网络身份认证，随着高校无线网络覆盖范围的不断加大，很多人可以随意接入校园网络，从而为教学管理数据的安全埋下了隐患。

（四）教学管理创新难度的增加

1. 对新媒体技术的应用程度不高

科学技术的不断更新使得新媒体技术的应用方式层出不穷，这为高校教学管理的创新性发展与建设带来了很大的难度与压力。由于教学管理工作者比较熟悉传统的教学管理软件、平台及方式方法，而这些传统在满足新时代背景的要求时又存在很多不适应的部分，存在很多新的问题。比如，不熟悉新媒体技术的运转体系，导致管理者无法有效使用新媒体平台开展相应的教学管理工作；不适应新媒体技术的表达方式，导致管理者无法有效的使用新媒体语言、文字、形象等形式表达自己的思想，更有甚者对新媒体语言了解甚少或者根本不知晓；除此之外，高校教学管理者对新媒体技术的运用不熟练也导致他们难以做好师生间的组织协调工作，师生两个群体的内在需求无法得到有效满足，相应的，就容易导致管理者工作主导性缺失且工作效果不理想，因此，要求教学管理者在短期内实现工作的创新也是不太可能的。

2. 以人为本原则更加难以贯彻

对信息时刻保持敏感度是高校教学管理者的基本素质，而新媒体技术的时代背景又对教学管理者提出了新的要求，即不仅要拥有敏感度，还要培养创新的理念，并能够迅速捕捉师生的心理，真正做到以人为本，从而挖掘师生真实的潜在需求。以人为本始终是高校贯彻实施的重要原则，而在实际的执行过程中，特别是面对新的背景条件，这一原则更加难以贯彻。一方面，即使有些高校逐步接触新媒体技术，但在使用方面仍不充分，有些学生甚至戏称高校新媒体为"布告板"，即高校管理者只将其作为发布信息的平台，而未发挥新媒体技术可以实现的与公众微距离的优势作用；另一方面，在高校当中也有部分管理者将对新媒体技术的使用视作任务定额的完成，即为了完成任务而完成，在数量上更多的是堆砌与应付、内容质量上更是过于杂乱无序、形式上也缺乏创新应用，这也是由监管方式和立意定位缺少有效考量而造成的，因此，无法得到管理主体的认同与回应。新媒体技术带来的是瞬息万变的工作环境，如果高校管理者无法适应这一趋势，就无法抓住高校师生的真实需求，也就无法顺利发挥新媒体技术的优势以发展自身的管理特色。

（五）教学管理者能力的缺失

1. 教学管理者引导难度加大

在实践活动中，技术的掌握程度往往可以决定工作的进展状况，在高校教学管理中，教师作为教学活动的主导者，其对新媒体技术的掌握和运用程度也决定了教学进程的发展，但从目前来看，教师新媒体素质较为缺乏，管理者引导难度加大。

对于新任教师来说，他们对于大多数新媒体技术都可以顺利操作和使用，但由于教学能力的缺乏，他们需要投入很多时间与精力来研究和分析教材，而新媒体技术的更新发展速度之快也使得他们手中所掌握的教育技术无法得到及时更新，长远来看也就使得他们的新媒体能力成为了"死水"。对于高校年轻的一线教师来说，虽然新的教育理念对他们也形成了一定的冲击，但新媒体技术与教学的较好融合在短时间内是无法实现的，而且，由于他们对新媒体技术比较陌生，即使经过培训在短时间内也无法实现在课堂上的灵活运用；对于年长的一线教师，则可能存在更大的难度。面对这些问题，教学管理者在动员教师对新媒体技术的学习，鼓励教师对新媒体技术的使用上也存在引导难度加大的问题，而且由于高校尚未建立起完善的激励管理机制，因而也未获得良好的效果。

2. 教学管理者媒介素养偏低

随着新媒体技术的迅速发展和日渐成熟，高校教学管理者的自身素养日显缺失与滞后，一部分人认为教学管理岗位上的工作都是简单的重复劳动，无需多少业务知识和能力，而且大部分高校里技术普及的对象多是教师和学生，而对教学管理人员这支队伍，尚未形成根本的冲击力。新媒体技术的开放性带来了各种各样的信息，由于高校教学管理者队伍的信息水平参差不齐、整体水平不高，因而对信息的应用程度也存在不同，而且就整个教学管理队伍来说，有一些管理者并没有进行过专业系统的培养，因而靠经验办事的情况较多，尤其是一些年龄较长的人员，在新事物的接受上速度较慢，对新媒体技术的使用也较为冷淡，缺乏创新和开拓精神，有专业背景的管理人员并不是很多。由此看来，教学管理队伍自身素养的提升已成为当务之急。

二、高校教学管理创新存在问题的原因分析

新媒体技术条件下高校教学管理不同模块都具有不同的特征及问题，如何从教学管理的整体结构上出发去解决问题则需要我们对影响新媒体技术条件下高校教学管理发展的因素进行深入分析。

（一）教学管理新媒体技术观念不足

通俗意义上说，观念指的是在长期的生产生活实践中，人们所形成的对客观事物的总体认知，它实际上是客观事物和主观认识的结合。当然，由于人们的自身认识存在历史性和局限性，人们也会因时间的变迁而出现与时代所不相契合的观念。

在传统的教学管理中，教学管理者逻辑思维的单向性和封闭性造成了教学管理种种弊端的出现，而新媒体技术的出现不仅改变了人们对信息的获取、存储、交换与处理方式，也推动了管理观念及管理方式的变革。特别是新媒体技术实现了虚拟世界和现实世界的无缝衔接，导致人们的思维方式发生了重大转变。在这样的时代背景下，一些高校教学管理者仍然秉持保守观念，对新技术无法适应，甚至持抵触的态度，在进行教学计划管理时仍然按照以往的模式进行操作，造成了资源、人力、财力的浪费。当然，不同的教学管理人员，其自身的素质也存在很大的不同，有的可以迅速地适应新媒体技术所带来的新变化，有的则仍然保持着陈旧的观念，这样就会造成管理者之间思想差距的加大，进而在工作效率与效果上也会产生不一样的结果；除此之外，一些管理者虽然接受了新媒体技术并积极尝

试着去使用，但却是迎合大学生的思想观点来展开工作，这对于教学工作的顺利开展造成了很大的冲击，对教学管理思想也造成了损害。

（二）教学管理话语主导权集中

一般来说，权既是权利也是权力，相应的话语权就可以理解为话语权利和话语权力。话语权利指的是每个人平等且自由的发表言论，而话语权力则侧重于话语表达所达到的效果与力量。因此，我们就可以将话语权理解为具有一定力量与效果的说的权利。

现代大学管理理念提倡师生主动参与教学管理活动，而不只是充当教学管理的被动管理对象。一方面，我国历来认为管理就是控制、支配和权威的代名词，教学管理的话语主导权长期掌握在高校教学管理人员手中；另一方面，传统的教学管理方法倾向采取硬性规定来评价教师的绩效、学生的发展，教学管理者所制定的规章制度就成为师生获取未来发展空间所必须遵循的准则，而且由于师生参与教学管理的意识比较缺乏，因此对师生的积极性、主动性和创造性的发挥造成了不利的影响。正是由于决策主导权集中在教学管理者手中，才导致了种种消极因素的产生。在新媒体时代的背景下，由于新媒体技术所提供的信息获取渠道的公平性和开放性，无论是教师还是学生都拥有同样的信息获取机会，管理主客体之间的沟通和互动也越来越频繁，管理者的主导权威也在逐渐遭受挑战，而且随着师生对教学管理非理性因素的追求，如情感、价值标准等，其反映自己真实需求的意识也在不断加强，因此，教学管理的决策参与权变革也成为一种必然趋势。

（三）教学管理内容不完善

新媒体技术所带来的大数据时代，一切管理都用数据"说话"，这样的时代背景下，高校教学管理效果不佳的一个重要原因就是数据信息的准确性和存在的安全隐患。传统的教学管理在基础数据的收集上费时低效，且由于客观条件的限制，数据的准确性存在一定偏差，这就与新媒体技术的快捷高效和准确性形成了对比；此外，由于教学管理系统中存在大量隐私数据，传统的教学管理平台在当前的新媒体技术条件下已无法有效地保护数据的安全，数据安全、身份认证、隐私保护及访问权限控制上也存在诸多问题，造成了潜在的安全隐患。

另一个原因则是获取信息资源的不确定性。新媒体技术与高校的不断融合，使其所传递的信息在高校师生间广泛传播，而面对海量信息的冲击，新媒体技术的时空突破及资讯的无屏障状态也为高校教学管理增添了巨大的信息控制压力。特别是随着教师与学生非正式学习资源获取渠道的不断增多，再加上高校与高校之间，以及高校与其他外部机构之间信息合作共享机会的不断增加，信息的安全性问题也成为规范教学管理内容的一大重任。除此之外，虽然新媒体技术具有快捷的信息处理与传递优势，但单位时间内面对海量的教学管理信息仍会使得教学管理人员无所适从，难以抉择，特别是面对充斥真实与虚假信息的情况，教学管理人员更容易模糊视线，混淆思维，这对最终做出的管理或决策的质量也造成影响。因此，新媒体技术带来的海量信息也容易造成新的信息匮乏问题。

（四）教学管理现行平台乏力

任何活动的展开都需要借助一定的平台，同样教学管理平台也是高校教学管理活动发挥作用的必要条件。新媒体技术所带来的新锐体验与方式对传统教学管理平台形成了强烈的冲击，其逐渐显露的滞后性和低效性也不再适应新时期教学管理的需要，从而导致了问题的出现。

一方面，由于新媒体技术所提供的平台多种多样，越来越多的人倾向便捷高效的信息获取方式，相较来说，传统的网站公告形式就已显落伍，无论是在资讯信息的传递速度还是决策推行所收到的反馈方面都无法再满足高校师生的需求，因而无法适应高校教学管理的运行需要；另一方面，新媒体技术所提供的平台存在着未充分利用的问题。特别是校园无线网络建设热潮的兴起，虽然许多高校都相继进行了网络的建设与维护，但建设之后却并未进行后续的充分利用，这不仅造成了高校教学管理人力、物力、财力的浪费与消耗，也阻碍了新媒体技术在教学管理上的进一步推广与利用。当然，从传统平台到新媒体技术平台的转变上也存在一个过渡的问题，在这一过程中要综合考虑到管理主客体及管理载体等多个因素，如何协调配合也对新媒体技术条件下高校教学管理的发展提出了挑战。

（五）教学管理人员培训及激励机制不健全

培训是快速了解和掌握新鲜事物的有效手段，激励则是在保障组织预期目标实现的同时，也能达成组成成员的个人目标，即在客观上实现组织与个人目标的一致。培训与激励机制是新媒体技术条件下高校教师及管理者对新媒体技术熟悉与推广的重要手段，这对高校教学管理水平的提高起到保障作用。

在泰晤士高等教育世界大学排名这一统计中，一所大学的得分 60%来源于研究和引用率，而教学仅占到了这一比例的一半。因此，在学术界，存在着教师的研究资历价值远远超过教学技能的普遍认识。在这样的错误思维主导下，教师也缺乏努力实施创新高效教学方法的动力，加之许多教师对利用新媒体技术进行教学评价与管理的方式的不认同，因而某种程度上对教学新媒体技术也存在抵触情绪。由于教学管理岗位属于后勤岗位，教学管理人员的升迁、自我提升、外出学习等方面的机会几乎为零，这在很大程度上对教学管理人员的积极性造成了干扰，教学管理工作也无法得到顺利开展，因而也不利于发挥新媒体技术对教学管理所起到的变革有效性。除此之外，新媒体技术毕竟是一项近几年才兴起的新鲜事物，其操作性和运用度还需要教师及管理者进一步学习才可以熟练掌握，而与教学及管理的彻底融合更需要时间来整合与完善。因此，高校加大教学管理人员的培训是首要的，培训之余如何建立激励机制才是新媒体技术条件下高校教学管理高效发展的重要保障。

三、对高校教学管理创新的几点思考

在现代学校管理学中，教学管理首先是思想的管理，其次才是行政的管理。这是一个重要的观念。因此，要适应当代社会的发展，就必须先变革思维。当前社会已是网络时代，现在的网络创造了整个世界，已经到了"无网不入"的时代，因此，寻找变革教学管理思维的切入点，树立全新的教学管理理念成为教学管理创新的首要措施。

（一）新媒体技术条件下高校教学管理的思维改变

1. 教学管理新媒体思维的建立

新媒体技术是工具，但更是一种思维。不同时代的思想文化是不一样的，新媒体技术时期，人们偏爱的是体验、参与和创造，这就是新媒体思维。因此，在这样的时代背景下，高校教学管理工作就需要通过体验式、互动式、引导式和渗透式的方法展开，相应地，高校教学管理人员也要逐步转变观念以建立起新媒体思维。对于高校教学管理者来说，应当认识到现代教学管理中新媒体技术所起到的重要作用，深入理解教学管理的媒体化意识，探究与发现教学管理的新方案，从而保证教学管理的客观公正性。除此之外，新媒体技术手段使得高校建设发展进入了一个多元化的领域，因此，高校教学管理人员应加大新媒体技术的建设宣传力度，同时又不能仅认为自己只是新媒体技术推广的参与者，更应当摆正自己作为思想潮流引领者的位置与意识，从而更好地促进高校新媒体技术良好氛围的构建，促进师生主动体验、参与和创造，以此真正提高教学管理工作的亲和力和感染力。

确立并落实以人为本的现代管理理念。现代管理理念认为，在管理的诸多因素中，人是最活跃、最能动的决定因素。以人为本的教学管理理念，就是把人的管理作为学校管理工作的重心，根据人的社会价值和人的心理活动规律，正确运用用人方略，创新教学管理模式和方法，使他们积极参与到学校教育教学改革和发展建设中去。过去，人们把教学管理工作单纯地理解为对学生、教师的行为管理，教学管理者居高临下，凭经验和权力意识指挥教学，这种重在管的管理模式造成的是一种呆板、僵化、服从的管理氛围，在教学管理与重大教学改革中教师没有发言权，其创造性和积极性被人为压制。如今大家普遍意识到，教学管理不仅要"管"好，还要"理"好，要"以人为本"，营造一个科学、严谨、民主、开放的人才培养与成长环境，充分肯定人的主体地位和自主价值，实现管理者和被管理者之间的和谐统一。

大家普遍认为，教学管理人员肩负管理的主要职责，创新的主要目的也是为了更好地服务教学，因此，创新是具体执行人员的使命，与教学和学生管理工作无关。事实上，教学本身是一项综合性工作，学校所有工作都与教学紧密相关，缺乏任意一方支持配合的管理创新都将成为无根之木，难以持久深入。当前，为了规范而设立的各类部门和职位，有利于将具体工作做细、做精，却也容易滋生部门主义和山头作风，制造许多工作壁垒，使一些综合协调性的工作效率低下，得不偿失。

2. 教学管理跨界思维的融合

跨界思维采用的是多角度、多视野、大世界、大眼光的方式，它代表的是一种新鲜的态度与体验，通过这种思维方式可以实现资源利用的创新，进而在看待问题与提出方案上寻求全新的渠道与途径。而对于新媒体技术条件下的高校教学管理来说，跨界思维的出现不仅要求打破传统的教学管理模式，实现教学管理内容的充分演绎，还要善用各种新媒体技术，使教学管理的方式与手段充满新意。新媒体技术的开放性还将不同部门、不同人群串联在同一张网络中，在这样一个平台上实现不同信息的共享与交流，因此，跨界思维要求综合利用各种信息，并学会分享自己的知识与经验；新媒体技术的平等性使得教学管理不再是一家独大，教师与学生拥有了更多参与管理的渠道，教学管理科学性的要求也进一步提高。此外，高校教学管理者还应当加快新媒体文化建设在校园文化建设中的步伐，以利用新媒体技术有效推动高校教学管理的发展与进步。

（二）新媒体技术条件下高校教学管理的话语权变革

如果将高等教育视作消费品，那么高校师生就是这项消费品的"消费者"，特别是随着新媒体技术的引入，"消费者"的地位在日益凸显，而消费者权益至上的理念也要求高校教学管理必须引入民主的精神，以加强师生的民主参与。同时，对于传统教学管理理念中重管理轻服务及制约个性发展的问题，引进师生参与工作也将是对其进行改进的有益尝试。

1. 话语权变革应遵循的基本原则

（1）平等原则。美国学者早在 1995 年就曾提出了"网络民主"的说法，进而将网络与民主联系起来，可以说是开启了新媒体技术时代对民主形式的新探讨。在高校中，越来越多的师生热衷于接受和实践"网络民主"，这就使得传统教学管理中，"大包大揽"的管理模式不再适应师生需求，要求引导服务和平等参与的呼声也成为时代所求。

（2）互动原则。新媒体技术以其开放性构造了一个虚拟与现实的交互空间，既为人们提供了一个开放自由的话语空间，也为每一个人提供了个性化的表达方式，教师与学生不仅可以充分地表达自己的看法，而且也可以就某项新措施的施行发表自己的反馈意见，因此，利用新媒体技术加强管理者与师生之间的互动成为提高高校教学管理水平的重要措施。

（3）服务原则。虽然高校教学管理部门是高校的职能部门，但其工作性质实际上是服务性的，其服务对象不仅包括学校的教学管理工作，更主要面对的是高校师生。新的时代背景下，高校教学管理者更应当牢牢把握教学管理的基本规律，树立全新的服务意识，切实考虑师生需求，真正将服务原则有序规范地展开。

2. 话语权变革的具体实践

高校师生是高校教学活动的组成主体，这就决定了在教学管理中应当充分尊重师生的主体性，保障其拥有充分的参与权利。

（1）以教师为本。教师是教学的主导，教学管理又始终围绕教学展开，因此，教师在教学管理中主动性作用的发挥不容忽视。一方面教学管理人员应当建立起支持和鼓励教师积极适应时代发展的教学管理氛围；另一方面也要为教师顺利开展教学管理工作建立良好的保障，而其中最重要的则是确立灵活的管理机制以提高教师的教学积极性，从而充分尊重教师的自主发展权。

（2）以学生为本。教学管理所面对的最庞大群体莫过于高校学生，而这一群体的多元化与个性化又对高校教学管理提出了更大的挑战。这就要求教学管理者一方面始终坚持学生为本的管理理念，保障学生的主体地位，激发学生的主动创造性，从而构建开放且充满活力的教学体系；另一方面也要尊重学生个性与差异，因材施教，使学生成为新媒体技术条件下具有特色的创新人才。

（三）新媒体技术条件下高校教学管理的内容优化

1. 数据管理优化

高校教学管理烦琐且复杂，其过程中不仅需要收集大量的数据，而且也不断地产生新的数据信息，因此，保障教学管理基础数据的准确性，以及保障教学管理数据的有效利用成为教学管理系统顺畅运行的前提。

要想提升教学管理系统的生命力，在教学管理的数据优化上教学管理人员需要做到以下三个方面。

首先，严格遵循数据管理规章制度。教学管理人员要始终明确以人为本教学管理原则的重要性，本着对教师、学生负责的态度保障数据的安全性和保密性。

其次，充分保障各项数据的准确性。数据的准确性是新媒体技术条件下快捷高效展开教学管理的基础性工作，这里不仅包括数据的收集、上传、统计，还包括政策的解释及一些异动情况的出现，在整个过程中都应当力求不出差错，从而实现教学管理的协同、高效和有序。

最后，深入挖掘教学管理所产生的数据背后隐藏的信息。高校的教学管理活动自高校出现就伴随产生，因此，在经过多个学年的正常运行之后，高校教学管理必会产生大量的业务数据，这些数据涵盖了学生的学籍信息、学籍变更、成绩数据等。一方面这些数据可以从某些角度客观反映高校教学管理的运行情况；另一方面，也为进一步开发利用提供了资源，比如，对高校教师连续多年的教学测评成绩绘制趋势图，以进行趋势分析，以及对高校学生的考试成绩数据进行统计分析。

2. 教学管理资源的筛选与建设

教学管理数字化的发展大大拓展了教学资源及内容来源，无论是教学管理应用数据库、网络大平台还是教师、学生及教学管理者自身，都蕴含着极其丰富的信息资讯。

高校教学管理无非涉及两个方面的问题：资源的获取如何筛选，即"源"的问题；以及资源的传递如何建设，即"流"的问题。同时，高校教学管理者也应该意识到，教学管理资源不仅应当包括加工与处理，最本质的还应当是资源的再生产。因此，在新媒体技术条件下，高校教学管理者应采取"开放、共享、共建"的新思路来解决教学资源建设的"源"和"流"问题。

其一，在"源"的问题上，互联网可以说是目前全球最大的、动态的资源库，如何将这一丰富的网络信息资源库转化为学习资源、如何使更优质的资源为教学管理所用，则需要教学管理者加强筛选，以保证资源质量的优质与高效。

其二，在"流"的问题上，充分利用各种共享平台作为信息资源的传输载体，同时通过平台中教学管理主客体之间的互动交流及反馈，以达到优质教学管理资源的建设与共享。

高校在自身教学资源建设策略上也可以采取以下措施，一般来说主要分两边走：在建设启动阶段，教学管理人员可以通过购买一些广泛认同的教学资源库，通过高校内部的校园网络实现广泛共享，使新媒体技术走进课堂、走进生活；在此基础上，高校也应当加强本校教师教学资源的共建共享，积极引导本校教师参与优质教学资源的建设，实现资源的创新与开发，并将本校优质课程结合网络及开放资源项目的平台予以推广，从而建立起更加丰富完备的教学资源库。

《"十四五"国家信息化规划》和《国家教育事业发展"十四五"规划》明确提出要加快教育信息化步伐，创建信息化应用支撑平台，以推动教育现代化发展。新媒体技术平台的建立无论对于信息的发布、资源的共享还是组织之间的交流协作都起到了很好的作用，保证了各项工作的高效执行。

（四）数据管理平台的整合

1. 个性化教学管理平台的建设

管理学家马斯洛曾指出，建立个性化管理模式是实现人本主义管理目标的首要方式。随着社会各种矛盾的出现，以及行业对人才要求的增加，高校现行的教学管理模式已无法适应需求。因此，探索个性化教学管理模式，建立个性化教学管理平台成为新举措，而移动式教学管理平台的出现则顺应了这一趋势。移动式教学管理模式是以移动终端为媒介，通过无线传播方式开展工作的管理模式，这种模式最大的特色就在于私人订制、按需推送、个性化和便捷式服务。对于高校师生来说，他们可以根据自己的喜好有选择地定制所关注的资讯，而对于高校教学管理者来说，也可以通过推送重要信息或者有趣的互动来了解管理对象的想法与建议，从而更好地推动教学管理活动的展开。在推广个性化教学管理平台时，有两个方面也需要注意：一方面，始终贯彻以人为本的教学管理原则，以促进教师发展和学生能力培养为出发点和落脚点；另一方面，充分利用各项移动应用程序和社交媒体平台，做好教学管理信息的传达与反馈，同时学会使用各种新鲜网络词汇，拉近与师生沟通的距离。

2. 教学管理共享平台的完善与维护

无论是"互联网+"教育新形态的出现，还是大数据热潮的不断涌现，优质教育资源共享都成为高校所追寻的目标。"2011协同计划"的出现就顺应了这一趋势，不同的大学及研究机构之间就技术、研究和共同发展目标开展合作，从而共同推动了高等教育的创新。同样的道理，高校教学管理也应当顺应这一趋势，力求搭建信息资源能够高度共享的平台。

建立师生教学共享平台，使授课教师与学生间可以进行充分及时的信息交流，随时处理学生的各类问题或进行答疑。教学管理系统可以通过对这一流程的观察与监控，掌握教师及学生间教学的基本规律，从而形成一套能够支撑学校教学模式改革的体制。

建立部门共享平台，促进部门间协同管理作用的发挥，推动学院教学管理组织扁平化特征的不断发展，促进组织活力的增强。

除此之外，高校也应当建立起数据共享平台，通过对公共数据的共享与分析，为高校教学管理者提供决策分析的有效数据。数据共享平台所提供的公共数据一方面可以作为教学管理各系统建设、应用推广的重要基础；另一方面各系统也可以对公共数据进行补充与丰富，真正实现了数据的积累与共享，公共数据的数据质量也可以不断得到提升，基于数据的应用和报表分析也可以更加完善，从而为学校进行分析、调整、决策提供有力支撑。

由于教学管理平台所需资金量较大，所以为了弥补资金与力量上的差距，可以选择分段建设的方法。高校合理发挥自身优势，建立符合高校管理的基本框架，由各高校添加适合的管理模板，并且建立完善的信息共享机制，以有效利用学校资源，提升管理水平。

（五）新媒体技术条件下高校教学管理队伍建设

新媒体时代下的教学管理，其本质是指利用各种各样的新媒体技术进行教学的管理。新媒体技术只是一种很普通的手段和工具，高校教学管理人员一方面应当熟练掌握业务流程和组织模式；另一方面要了解当前信息技术的发展状况和未来趋势，提高自身的媒体素养和信息素养，以充当院校与新媒体技术的"接口"，提高教学管理的质量和效率。

1. 提升教学管理人员的新媒体素养

教学管理的对象是人，以人为本管理理念的关键体现是教学管理者本身的素质与水平能力，而目前高校教学管理队伍相对教学队伍来说，教育教学管理理论知识贫乏、学历层次高低不均、每天大多忙于烦琐的日常教学管理事务，致使教学管理缺乏科学性和创造性。教学管理本身兼具行政管理与学术管理的双重属性，教学管理人员不仅要懂得一般管理经验，更要了解、研究教育理论和教学规律。因此，应从三个方面入手：① 加强对教学管理人员的培训，提高其管理水平，更重要的是更新教学管理理念，树立以人为本的管理理念，增强服务意识，为教师的才能发挥提供广阔的空间；② 致力于制定、实行公平的政策，创建有持续性的公平竞争环境，建立能持续调整的弹性机制，以实现管理效能整体提高的目标；③ 熟练掌握学校教学网络系统，以提高教学管理效率，建立现代化的教学信息服务系统，包括所有课程的教学内容信息、课程调度信息、学习要求和毕业资格信息等，以方便学生查询、选择、自主设计学习方式。

新媒体技术的发展使得高校急需一支了解新媒体技术而又熟悉现代教

学思想，并且具有丰富管理经验和较强创新能力的教学管理队伍。因此，良好的媒体素养则成为新时代条件下高校教学管理者必须具备的基本素质。一般来说，媒体素养主要包括以下四个方面内容。

（1）媒体意识。通过新媒体技术可以获取很多有关教学管理活动的信息，面对这些信息，教学管理者首先应当具备捕捉这些信息的敏感度和注意力，当然也要锻炼对信息价值的观察与评判能力，从而对信息进行评价。

（2）媒体能力。新媒体技术的即时性、互动性一直是吸引管理者的重要特征，而要想通过新媒体技术实现管理效率的提升，则需要教学管理人员提高利用新媒体技术获取信息、加强沟通和科学评价的能力。

（3）媒体道德。教学管理不仅涵盖了高校的重要文件资讯，还包括大量的师生隐私信息，而新媒体技术的开放性又使得这些信息置于敏感的位置，因此，教学管理人员应当保持自身良好的道德，这样才能共同抵制不法分子的入侵与破解。

（4）终身学习能力。新媒体技术是一项快速发展并不断更新的新鲜事物，教学管理者又是加强新媒体技术与高校融合的必要因素。因此，要想推动高校教学管理更好地适应新媒体技术的大环境，不仅高校应当重视起教学管理人员的培养与引进，管理者自身也要加强学习，以提高整个队伍的水平。

2. 教学管理人员的保障措施

任何一项活动的开展都离不了人员队伍的建设，高校教学管理人员在教学管理活动中的作用尤为重要，因此，高校可以通过环境建设、加强培训和建立激励机制来保障教学管理者自身素养的提升。弹性制度切中规范与创新的最佳结合点。长期以来，学校管理重视制度建设，对教学管理的规范和教学秩序的稳定起到了非常重要的作用，但是过于刚性的管理制度也会制约教师的个性发展，制约管理人员创新行为的产生。因此，要建立完善弹性教学管理制度，既增强教师的自主性，激活其内在的动力和潜能，又充分发挥教学管理人员的创新智慧。所谓弹性教学管理制度是指根据社会的最新变化和教学的需要，实施切合专业发展、课程教学的一系列具体的管理方法、措施和规范。这是世界高等教育教学和教学管理改革的一个趋势。

弹性教学管理制度的建立可以从弹性学制入手，进一步完善学分制。学校根据质量要求确定各专业的学分数，学生可在教师引导的基础上按照自身水平和基础，自行安排学习进度，提前毕业或延长学制；采取自由选课制，在修完专业核心课和专业基础课之后，学生自主选择感兴趣的课程，甚至允许学生跨校选课，通过各高校之间的学分认同，在充分满足学生个性要求的同时对所开设的课程优胜劣汰；设立奖励学分，对学科竞赛、科学研究、科研发明、社会实践中表现优秀的学生，给予学分奖励，甚至可以在条件成熟的情况下设立学分银行，对学分进行统筹管理。通过学分制的不断完善，改变过去在培养目标上忽视个性特点的状况，以适应社会对高素质创新人才需求日益增长的趋势，实现人才培养模式的创新。

环境建设。环境是影响一个人信息意识形成与提高的重要因素，因此新媒体技术条件下，构建良好的新媒体环境是培养和提高教学管理者媒体意识的物质基础。如：配置足够的计算机；全范围覆盖校园网络并保障畅通；优化教学管理系统软件；加强新媒体技术在教学管理全过程的渗透，整合教学管理各应用平台，充分实现教学管理的智能化、便捷化和共享化。加强培训，培训是使一个人迅速了解并掌握知识的最快捷的手段，新媒体技术作为一项新事物，对于高校教学管理者来说同样充满着神秘感，因此，高校应当承担起为教学管理者提供培训的责任，从而为他们自身素质和能力的提升提供帮助。比如，向管理者普及新媒体技术的基础知识，消除年长者的抵触感；鼓励管理者积极利用新媒体技术与师生进行互动，体验新媒体技术带来的独特体验。

激励机制。将教师纳入教学管理创新的主体中来。工作专门化、精细化曾经是管理史上里程碑式的创举，大大提高了效率，为人类物质生产做出了巨大贡献。引申到高校管理中来，就容易得出管理人员是教学管理创新的唯一主体的结论，目前这种论调还存在于不少人的观念中。实际上，即使在管理学领域也提出了更为符合形势发展需要的工作扩大化的做法。教学管理人员与教师之间的界限需要淡化而不是强化，两者结合可以极大地互补。因此，将教师纳入教学管理创新中刻不容缓。首先，教师应该为教学管理创新提供最为真实的数据和资料。教师既是教学管理的参与者，又是被服务者，对管理过程中存在的缺点和不足有深刻的认识。如同管理人员应有教学科研任务一样，教师也同样应该具备管理水平和能力，并在考核指标体系中体现出来。其次，教师应该充分运用教学管理创新成果。教学的改革与创新离不开学生的参与和反馈，而教学管理部门恰恰在这方面具有优势，况且教学管理创新的主旨也在于为教学服务。在运用创新成果的基础上，将优缺点及时反馈，有利于教学管理创新的良性互动和可持续发展。无论是物质激励还是精神激励，都起到了良好的作用，对于鼓励教学管理者加强新媒体技术的传递与使用，激励机制无非是一项有效的措施。学校可以通过激励机制影响管理者的职称评晋级等；或者制定对应的信息管理规章，以达到有效实施考核奖惩制度的目的；除此之外，高校也可以在对教工的德能绩效考核时，将媒体技术素养作为一项重要指标，从而营造出新媒体技术的环境氛围。

用改革教学管理中统一制式化的做法，倡导多样化和个性化。长期以来，高校普遍存在教学计划一体化、教学过程同步化、教学方法单一化、教材使用一体化等问题。进入大众化教育阶段后，教师和学生本身更加注重个性发展，要求高校实行"多层次、多规格、因材施教"的人才战略。因此，在专业课程设置、教学方法、学习方式、评价方式和教学管理方式上都必须突出多样性，给教师和学生更多的自主性。在目前流行的院系两级管理体制下，系里的教学管理自主权普遍较小，存在教务处"一家独大"

的局面，统一管理和加强监督的理念遏制了教学系的积极性和创造性，这种现象在规模较小的本科院校和高职院校中较为普遍。因此，高校教学管理人员要转变工作观念，各负其责，即学校职能部门专注于创造良好的条件，为教学系的教学提供便利，教学系专注于改革和创新、紧盯招生和就业两个市场，让市场检验改革创新的成效。

当然，单纯强调以人为本，也会忽视管理应该遵循的客观规律，使管理失去客观性、公正性和规范性，造成管理的随意性和软弱性。高等教学管理应该是人文精神和科学精神的综合体，严格的科学管理制度与以人为本的管理理念相辅相成，才是理想的教育管理模式。

基于对上述新媒体技术条件下提高高校教学管理水平对策建议的研究，在日后开展高校教学管理建设时将更有针对性和方向性，从而更好地促进高校乃至高等教育的发展。

参考文献

[1] 李飞. 信息技术的发展对高校教学和学生管理的影响 [J]. 南昌教育学院学报，2011（11）：2.

[2] 温玄，张海英. 基于独立院校性质的教学管理与学生培养模式研究 [J]. 成功：中下，2009（11）：2.

[3] 曾茜. 创新高校学生管理中的辅导员工作初探 [J]. 教育与教学研究，2010，24（1）：63-65.

[4] 卢晓辉. 高校留学生教学管理模式探索与创新 [J]. 南昌教育学院学报，2013（12）：2.

[5] 衣海永. 高校学生管理与教学管理融合机制探究 [J]. 山东青年政治学院学报，2019，35（1）：5.

[6] 曹玉艳. 浅析思政教育模式下的高校学生管理水平的提升 [J]. 当代教育实践与教学研究：电子版，2017（9X）：1.

[7] 刘贤红. 以学生为本与高校教学管理改革 [J]. 文教资料，2007（22）：2.

[8] 王鹏. 浅析高校学生管理与学生素质教育的关系 [J]. 读与写：教育教学刊，2014，11（11）：1.

[9] 付宏鹏，孙锐. 漫谈高校学生管理与教学管理融合机制 [J]. 教育现代化，2019.

[10] 席元第，富奇，肖荣，等. 专业教学与学生管理相结合的高校教育方式初探 [J]. 医学教育管理，2017，3（A02）：3.

[11] 江利. 高校学生评教的有效性研究——以 X 大学为例 [D]. 厦门：厦

门大学，2015.

[12] 吴光炳. 民办大学教学与管理：武汉工业学院工商学院文集［M］. 北京：中国财政经济出版社，2009.

[13]《高校教育管理》编辑部.《高校教育管理》影响力指数再创新高［J］. 高校教育管理，2020，14（4）：125.

[14] 孙雨霞，穆得超，王俊艳. 高等医学院校学生参与教学管理的探索与实践［J］. 中华医学教育杂志，2011，31（3）：338-340.

[15] 王丽. 构建高校"以人为本"学生管理体系浅析［J］. 陕西教育：行政，2011（11）：42.

[16] 齐运锋，景海燕. 独立学院教学与学生管理一体化的研究与探索［J］. 教育现代化，2015，（15）：6.

[17] 茶世俊. 高校学生参与教学管理模式研究［D］. 长沙：中南大学，2023.

[18] 李德全，李景国. 从学分制视角探究高校学生教育管理工作［J］. 学校党建与思想教育（高教版），2009（34）：51-52.

[19] 黄庆会，王顺. 谈学生管理与教学管理有机结合的三种体现［J］. 金融教学与研究，1993（1）：35-38.

[20] 李亚松，程华东. 高校教学管理与学生管理的整合［J］. 领导科学论坛，2013（7）：2.

[21] 赵松岭，胡书金. 如何加强对高校学生的教育与管理［J］. 金融教学与研究，2006（4）：15.

[22] 杨立军. 高校创新能力培养目标下的教育教学管理［J］. 辽宁教育研究，2003（7）：27.

[23] 高静. 基于学分制的高校学生教育与教学管理［J］. 管理观察，2014（14）：2.